市場の異質性から競争優位を獲得する

外部マーケティング資源としての消費者行動

CONSUMER BEHAVIOR AS
EXTERNAL MARKETING RESOURCES

CONSUMER BEHAVIOR

西本 章宏
NISHIMOTO AKIHIRO

●●● 目　　次 ●●●
外部マーケティング資源としての消費者行動

第Ⅰ部　イントロダクション

第1章　消費者行動研究の実践　　3
マーケティング研究との架橋を目指して
- *1* 消費者行動研究とマーケティング ……………………………… *4*
- *2* 消費者個人の異質性 ………………………………………………… *8*

第2章　外部マーケティング資源としての消費者　　11
- は じ め に ………………………………………………………………… *12*
- *1* 外部マーケティング資源としての消費者とは ……………… *12*
- *2* 拡張製品——半歩先の差別化 …………………………………… *15*
- *3* カテゴライゼーション——拡張製品に対する消費者の情報処理モード …… *16*
- *4* 本書の構成 ………………………………………………………… *19*

第Ⅱ部　先 行 研 究

第3章　消費者知識　　27
- は じ め に ………………………………………………………………… *28*
- *1* 記憶——事前知識の貯蔵 ………………………………………… *28*
  - *1.1* 消費者情報処理モデル（*28*）
  - *1.2* 消費者の認知学習（*31*）
- *2* 知識概念——事前知識の類型 …………………………………… *32*
- *3* 認知構造——事前知識の構造 …………………………………… *34*
  - *3.1* スキーマ（*34*）
  - *3.2* カテゴリー（*36*）
- *4* まとめ——消費者知識と情報処理モード ……………………… *38*

i

第4章 拡張製品に対する消費者の情報処理モード　　41

はじめに ………………………………………………………………… 42
1 知 識 転 移 …………………………………………………………… 42
2 適度な不一致 ………………………………………………………… 44
3 カテゴリー不確実性 ………………………………………………… 47
4 まとめ——拡張製品に対する消費者の情報処理モードとコンテクスト効果 …… 53

第5章 製品拡張におけるコンテクスト効果　　55

はじめに ………………………………………………………………… 56
1 プロパティ・プライミング ………………………………………… 57
2 カテゴリー・プライミング ………………………………………… 59
3 まとめ——消費者個人の異質性とコンテクスト効果 …………… 63

第Ⅲ部　仮　　説

第6章 仮説の構築　　67

はじめに ………………………………………………………………… 68
1 適度に不一致な拡張製品に対する消費者の情報処理モード ……… 69
2 カテゴリー不確実な拡張製品に対する消費者の情報処理モード（Ⅰ）
　　——シングルカテゴリー信念 ………………………………………… 72
3 カテゴリー不確実な拡張製品に対する消費者の情報処理モード（Ⅱ）
　　——マルチプルカテゴリー信念 ……………………………………… 74
4 製品拡張におけるプロパティ・プライミング効果 ……………… 76
5 製品拡張におけるカテゴリー・プライミング効果 ……………… 78

第Ⅳ部　実　証　分　析

第7章 適度に不一致な拡張製品に対する消費者の情報処理モード　　87
　　　　　カテゴリーベース処理とピースミール処理による消費者カテゴライゼーション

はじめに ………………………………………………………………… 88

- **1 リサーチ・デザイン** ………………………………………… *88*
  - *1.1* 分析対象と調査対象者（*88*）
  - *1.2* モ デ ル（*90*）
- **2 分 析 結 果** …………………………………………………… *92*
  - *2.1* 適度に不一致な拡張製品に対する消費者の情報処理モード（*92*）
  - *2.2* 消費者選好構造における適度に不一致な拡張製品（*98*）
- **3 まとめ――実証分析1の貢献と今後の課題** ……………………… *101*
- **付録 分析モデルの詳細** ……………………………………………… *103*

第8章 カテゴリー不確実な拡張製品に対する消費者の情報処理モード（Ⅰ） *105*
シングルカテゴリー信念による消費者カテゴライゼーション

- **は じ め に** …………………………………………………………… *106*
- **1 ハイブリッド製品** …………………………………………… *106*
- **2 ハイブリッド製品に対する消費者の情報処理モード（Ⅰ）** ……… *109*
  - *2.1* シングルカテゴリー信念（*109*）
  - *2.2* カテゴリーメンバーシップ（*110*）
- **3 リサーチ・デザイン** ………………………………………… *111*
  - *3.1* 分 析 対 象（*111*）
  - *3.2* 調査対象者（*112*）
  - *3.3* 測定項目1：カテゴライゼーション（*113*）
  - *3.4* 測定項目2：製品信念（*113*）
  - *3.5* 測定項目3：購入意向（*114*）
- **4 分 析 結 果** …………………………………………………… *115*
  - *4.1* カテゴリー不確実な拡張製品に対する消費者の情報処理モード：基礎レベル（*115*）
  - *4.2* カテゴリー不確実な拡張製品に対する消費者の情報処理モード：下位レベル（*120*）
- **5 まとめ――実証分析2の貢献と今後の研究課題** ………………… *126*

第9章 カテゴリー不確実な拡張製品に対する消費者の情報処理モード（Ⅱ） *129*
マルチプルカテゴリー信念による消費者カテゴライゼーション

- **は じ め に** …………………………………………………………… *130*
- **1 ハイブリッド製品に対する消費者の情報処理モード（Ⅱ）** ……… *130*
  - *1.1* マルチプルカテゴリー信念（*130*）
  - *1.2* 認 知 欲 求（*132*）
- **2 リサーチ・デザイン** ………………………………………… *133*

2.1　分析対象と調査対象者 (133)
　　2.2　測定項目1：直交配置によるコンジョイントカード (133)
　　2.3　測定項目2：カテゴライゼーションとサブカテゴリー化 (135)
　　2.4　測定項目3：製品信念とカテゴリー信念 (135)
　　2.5　測定項目4：認知欲求 (136)
　　2.6　モ　デ　ル (136)
　3　分　析　結　果 ……………………………………………………… 139
　　3.1　消費者個人レベルの情報処理モード (139)
　　3.2　カテゴリー不確実な拡張製品に対するマルチプルカテゴリー信念 (141)
　4　まとめ──実証分析3の貢献と今後の研究課題 ……………… 148

第10章　製品拡張におけるプロパティ・プライミング効果　　151

　は じ め に ……………………………………………………………… 152
　1　リサーチ・デザイン ………………………………………………… 153
　　1.1　分析対象と調査対象者 (153)
　　1.2　統制デザイン (153)
　2　実　　　験 …………………………………………………………… 155
　　2.1　操 作 確 認 (155)
　　2.2　プロパティ・プライミングによるマルチプルカテゴリー信念 (156)
　3　まとめ──実証分析4の貢献と今後の研究課題 ……………… 159

第11章　製品拡張におけるカテゴリー・プライミング効果　　163

　は じ め に ……………………………………………………………… 164
　1　リサーチ・デザイン ………………………………………………… 165
　　1.1　分析対象と調査対象者 (165)
　　1.2　統制デザイン (166)
　2　実験1：分析結果 …………………………………………………… 168
　　2.1　操 作 確 認 (169)
　　2.2　後続刺激に対する被験者の支払意向額（WTP）(169)
　　2.3　後続刺激に関する事前知識の調整効果 (170)
　3　実験2：分析結果 …………………………………………………… 171
　　3.1　操 作 確 認 (172)
　　3.2　カテゴリー・プライミング効果の頑健性 (173)
　　3.3　先行刺激と後続刺激のカテゴリー類似性の調整効果 (174)

4 まとめ——実証分析5の貢献と今後の研究課題 ················· *176*

第Ⅴ部　結　論

終章　外部マーケティング資源という消費者行動研究の視点　*181*

1 本書のまとめ ··· *182*
2 外部マーケティング資源としての消費者行動 ················· *185*
3 おわりに ··· *188*

あ と が き　*191*
参 考 文 献　*195*
索　　　引　*209*

第Ⅰ部

イントロダクション

第 **1** 章

消費者行動研究の実践
マーケティング研究との架橋を目指して

1 消費者行動研究とマーケティング

　1902年，ミシガン大学の学報にて「Marketing」という言葉が誕生して以来，マーケティング研究は，今日まで100年以上の歴史を歩んできた[1]。そして，マーケティング誕生のおよそ30年後の1930年代，ミクロ経済学の分野で経済学的消費者理論として，消費者行動研究が誕生する。さらに20年後の1950年代には，モチベーション・リサーチという購買動機調査が時代の脚光を浴び，消費者行動研究はミクロ経済学から独立した新たな研究分野として，心理経済学（psychological economics）という研究領域に位置づけられることとなる。また，この頃のマーケティングでは，企業の製品差別化戦略の要求に対して市場セグメンテーション（market segmentation）の必要性が問われ，市場セグメンテーションの軸として消費者行動研究の成果が注目されるようになった。そして，1960年代に入ると認知革命（cognitive revolution）と呼ばれる消費者の認知に焦点を当てた新行動主義の考え方に消費者行動研究は大きな影響を受け，S（刺激）－O（客体）－R（反応）型に基づく包括的な消費者個人の意思決定プロセスを明らかにする消費者行動研究が積極的に取り組まれるようになった。この消費者の包括的意思決定プロセスのモデルは，マーケティング戦略に対する消費者反応の測定や予測を行うために利用されるようになった。1970年代に入ると，Newell, Shaw and Simon（1958）によって提唱された意思決定ネット，Newell and Simon（1972）による人間の問題解決行動モデルを基盤とした情報処理モデルが登場し，消費者の意思決定プロセスに情報処理能力とい

---

1) マーケティングの誕生には，いくつかの諸説が存在する。1902年のミシガン大学の学報以外にも，1905年にオハイオ州立大学で設置されたマーケティング・コースや，同年にペンシルバニア大学で開講されたMarketing of Productという講義にも由来すると言われている。マーケティング誕生の詳細は，Bartels（1976）を参照。

った側面が考えられるようになった（Bettman 1979）。そして，1980年代には，この情報処理モデルを中心に，自らの課題や目的に対して積極的に情報を探索し，処理する能動的な消費者を仮定した情報処理パラダイムが，消費者行動研究において支配的となっていった。

この頃から，消費者行動研究は，マーケティングから乖離して研究が発展することとなる（清水 2006）。なぜならば，消費者行動研究で支配的となった情報処理モデルとは，消費者の内面的な側面を焦点とした分析枠組みであり，そのためマーケティングとの関連性を無視しても十分に研究としての発展を図ることができたためであった。このことは，清水（2006）において紹介されている Cote, Leong and Cote（1991）によってなされた1980年代のマーケティング関連の学術雑誌間の引用依存度の研究によって検証されている。Cote, Leong and Cote（1991）の研究によると，消費者行動研究を専門に扱う *Journal of Consumer Research* は，*Journal of Consumer Research* 自身からの引用が1725件と最も多く，続いて *Advances in Consumer Research* からの1157件，そして *Journal of Marketing Research* からの677件，*Journal of Marketing* からの407件という構成になっていることが報告されている[2]。マーケティング・サイエンスとしての色彩が強い *Journal of Marketing Research* は，*Journal of Consumer Reseach* に対しておよそ3分の1程度の引用数であり，マーケティング全

---

2) その後の Phillips, Baumgartner and Pieters（1999）では，1982年から1993年までの *Journl of Consumer Research* と他のマーケティング関連の学術雑誌間の相互的な引用依存度の研究がなされており，Cote, Leong and Cote（1991）でも指摘されているように，*Journal of Consumer Research* は，*Journal of Consumer Research* 内での引用数が時代とともに多くなってきていることが明らかにされており，続いて *Journal of Marketing Research*，*Journal of Personality and Social Psychology* との相互依存的な引用数も多いことが示されている。ここで言及している相互依存的な引用数とは，当該雑誌に掲載されている論文が他の論文に引用されている論文数と当該論文が他の雑誌から引用している論文数の双方を考慮した引用数のことである。

般を取り扱う *Journl of Marketing* は，*Journal of Consumer Research* のおよそ 4 分の 1 程度の引用数しかなく，情報処理モデルを基盤とする 1980 年代の消費者行動研究が，いかにマーケティングとの関連性を希薄化させてきたかがうかがえる。また，Bettencourt and Houston (2001) の同様の研究によっても，*Journal of Consumer Research* は，他のマーケティング雑誌と比較して拡張性が低く，他分野への応用可能性が低いことが指摘されている[3]。このことより，清水 (2006) では，情報処理パラダイムの登場と発展にともなって，消費者行動研究がマーケティングから乖離の一途を辿っていることを指摘している[4]。また，青木 (1992) によって紹介されている消費者情報処理理論の今後の展開動向においても，マーケティングとの関連性についての記述はなされておらず，当時の消費者行動研究とマーケティングとの関連性の乖離を読み解くことができる。

　本書の問題意識は，この情報処理モデルの登場を起点とする消費者行動研究とマーケティングの乖離にある。先述したように，情報処理モデルの登場によって消費者行動研究とマーケティングの関連性が希薄化していったことは明らかであるが，それは情報処理モデルを基盤とする消費者行動研究の成果がマーケティングに対して応用できなくなったことを意味するのではない。むしろ 1980 年代以降，約 30 年間にもわたって蓄積されてきた消費者行動研究の成果をマーケティングに応用する試みがなされてこな

---

3) ただし，*Journal of Consumer Research* だけではなく，*Journal of Marketing*, *Journal of Markseting Research*, *Marketing Science*, *International Journal of Research in Marketing* においても，そもそも掲載されている当該論文が他の論文に引用される回数が，年々減少してきている (Stremersch, Verniers and Verhoef 2007)。つまり，マーケティング関連の論文は，学際的な拡張性が総体的に減少してきていると考えられる。

4) 清水 (2006) では，情報処理モデルを基盤とした数々の先行研究の功罪として，サンプルの代表性の問題，データ収集の問題，対象商品の問題，そして論文の書き方の問題を挙げている。

かったことが，問題であると考えている。このことについて，中西（2001）では，その原因をマーケティング研究者と実務家の双方に求めている。マーケティング研究者の問題点としては，その根本的な原因である消費者行動研究者の応用研究の不足を挙げている。反対に実務家の問題点としては，POSデータに代表される実売データを過信する傾向があること，消費者行動研究において蓄積された成果をシステマティックに生かすよりは，当面の実務課題に限定したアドホックな消費者調査に依存して解決策を探ろうとする傾向があることを挙げている。このように，情報処理モデルを基盤とする消費者行動研究の成果が多分に蓄積されてきた現在において，消費者行動研究の成果がマーケティングに応用されなくなってきたという懸念が，消費者行動研究者を中心に広まってきている。

　そこで，本書の大目的は，情報処理モデルを中心とした消費者行動研究の成果をマーケティングに応用することで，新たな研究の発展可能性を図っていくこととする。そのため，本書は，消費者行動研究を主体としつつも，マーケティングへの応用を強く意識した研究成果を追求していく。とくに，情報処理モデルで明らかにされてきた，消費者の情報処理能力の源泉となる「消費者知識（consumer knowledge）」[5]を研究の焦点とする。そして，消費者知識は，マーケターにとって競争優位性を獲得するための「外部マーケティング資源（EMR: external marketing resources）」となることを示していく。つまり，本書では，消費者知識が外部マーケティング資源となることを示すことが，消費者行動研究の成果をマーケティングに応用できることを示すことに相当するとして，議論を展開する。

　情報処理モデルを中心としたこれまでの消費者行動研究では，マーケターが対応していかなければならない消費者を理解するために，消費者知識が注目されてきた経緯がある。たとえば，消費者知識のタイプや精緻化の

---

[5]　消費者知識（もしくは事前知識）とは，記憶内に蓄積された利用しうる構造化された情報のことである（清水 2006）。

程度によって,あるマーケティング刺激に対する消費者の心理的反応が異なってくることを検証した研究成果は,数えきれないほど存在する。しかし,これらに共通することは,あくまでも消費者知識という視点から消費者を理解しようとする研究成果を提供しているにすぎないということである。このような情報をもとに,マーケターは限られたマーケティング資源を最大限活用しようと戦略を構築する。しかし,いくら有益な情報を入手できたとしても,それを実行可能とするマーケティング資源がなければ,それらの情報は時間とともに無用の長物となってしまうであろう。

マーケターを取り巻く競争環境はいつの時代も急速に変化している。スマートフォンの登場やコンビニエンス・ストアの業態革新に挙げられるように,昨日まで競合ではなかった企業が,突如として競合となってしまう世の中である。いかに市場環境が変化したとしても,今日のマーケティング競争は,熾烈さを極めていく一方である。他方で,マーケターが活用できるマーケティング資源は枯渇するばかりであり,不確実な競争環境の変化に対して,戦略的にマーケティング資源を投資することが難しくなってきている。

いくら消費者を理解したところで,その有益情報を実行可能とするマーケティング資源がなければ,競争に勝つことはできない。本書では,消費者を理解することだけにとどまらず,これまでマーケティング資源を投資する対象だった消費者は,むしろマーケターにとって熾烈なマーケティング競争を勝ち抜くための戦略的な外部マーケティング資源となりうることを示していきたい。

2 消費者個人の異質性

本書において,マーケティングに応用可能な消費者行動研究の成果を追求するために,もう1点強く意識したい部分がある。それは,「消費者個人

の異質性（consumer heterogeneity）」である。これまでの消費者行動研究でも，消費者の異質性を明らかにしようとする研究が数多く試みられてきているが，結局は平均値や分散に集約した消費者グ・ル・ー・プ・の異質性にとどまっているものが多い。マーケターが直面する現実は，生活様式や価値観，購買経験や消費経験が1人ひとり異なる消費者である。このような問題意識に対して，マーケティング・サイエンスの分野では，ランダム効果モデル，ベイジアン・アプローチ，そして潜在クラス混合アプローチといった，消費者個人の異質性を求めるアプローチが発展してきた（井上 2001）。

　井上（2001）では，MCMC（マルコフ連鎖モンテカルロ）法による画期的な計算技術の発展により，消費者個人の異質性が計算可能となり，ベイズ理論によるマーケティング研究が著しく発展していることを指摘している。消費者の多様化が顕著になり，消費者個人の異質性を理解することがますます重要になってきた今日において，マーケティング戦略上，消費者個人の異質性を無視することはできないであろう[6]。また近年，RFID（radio frequency identification）など情報技術の著しい発展により，消費者個人レベルの非集計データがより容易に入手することができるようになり，ますます消費者個人の異質性を把握できるデータ環境も整いつつある。このようなマーケティング環境の変化にともなって，消費者個人の異質性を十分に考慮した研究の必要性が指摘されている。

　たとえば，井上（2006）では，マーケティング技術とベイズ理論の発展から，消費者個人の異質性に対するマーケティング・アプローチは必要不可欠であることを指摘している。また，阿部（2003）においても，現在のマーケティング環境において消費者個人の異質性を十分に理解することは，マーケターにとって必要不可欠であることを指摘している。さらに，このよ

6） 井上（2001）では，消費者個人の異質性に対するモデリングは，マーケティングの基本であるセグメンテーション，ターゲティング，ポジショニングに大きな影響を与えることを指摘している。

うなマーケティング環境において，消費者個人レベルの非集計データが収集されたとしても，平均値や分散に集約してから分析してしまっては，せっかくの非集計データのメリットを十分に生かしているとはいえず，個人レベルのデータから有用な知見や知識を獲得しなければ，マーケターにとっては保存に厄介な単なるゴミであり，情報とはなりえないとさえ指摘している。同様に，井上（2001）でも，データの集計水準が分析にもたらす影響は多大であるとし，非集計レベルのデータに対しては，従来の集計レベルのデータに対して行っていた分析手法，アプローチ，および分析変数を根本的に変更する必要性があることを指摘している。

　ここまで，消費者個人の異質性を把握しなければならないことに言及してきたが，ここで留意していただきたいことは，それが消費者個人ごとにマーケティング戦略を構築することを促しているわけではない，ということである。マーケティング戦略は，消費者個人ごとに設計されるべきものではなく，むしろ，その逆である。マーケティング資源が制約された中で，マーケティング戦略の効果と効率というトレード・オフを可能な限りトレード・オンに変換する（効果と効率を同時に最大化する）マネジメントの意識を欠いてはならない。本書では，第8章と第9章にて，消費者個人の異質性を特定する分析アプローチを試みることで，平均値や分散に集約された消費者理解では明らかにすることができない示唆を提示する。そして，第10章と第11章では，消費者個人の異質性を理解したことで，消費者がマーケターにとって外部マーケティング資源となることを示していきたい。

第2章 外部マーケティング資源としての消費者

はじめに

本章では，以下 3 点と本書の構成について詳述する。最初に，本書の主眼となる「外部マーケティング資源としての消費者」とは，どういうことかについて詳述する。次に，本書の分析対象となる「拡張製品」について詳述する。そして，本書で注目する消費者の情報処理モードとして，「カテゴライゼーション」について詳述する。

1 外部マーケティング資源としての消費者とは

　本書の大目的は，情報処理モデルを中心とした消費者行動研究の成果をマーケティングに応用することで，新たな研究の発展可能性を図っていくことにある。そこで，本書では，消費者はマーケティング対象としてではなく，むしろマーケターにとって外部マーケティング資源となりうることを示していく。このことは，新しい概念を提示しているのではなく，むしろこれまでの消費者行動研究とマーケティングの関連性に新たな視点を提供することを試みている。

　たとえば，顧客関係管理（CRM: customer relation management）を目指したリレーションシップ・マーケティング（relationship marketing）を考えてみたい。リレーションシップ・マーケティングとは，直接顧客および最終顧客との，相互に経済的価値を上げコストを削減する，協調的・協同的活動に従事する前進的なプロセスのことである（Parvatiyar and Sheth 2000）。そして，リレーションシップ・マーケティングの最終目的は，顧客との良好な関係性構築にマーケティング努力を費やすことで，企業にとっての優良顧客（loyal customer）とそうではない顧客を識別し，顧客1人当たりの顧客生涯価値（LTV: life time value）を最大化させることである。興味深いことに，リレーションシップ・マーケティングという新たなパラダイムは，

1990年代初頭のマネジリアル・マーケティングの限界から生まれてきたと言われている。さらに，このような潮流は，当時の情報技術の目覚ましい発展により，これまでマーケティングで啓蒙されてきた顧客志向を戦略的視点から捉え直す試みから生まれてきたとも言われている。つまり，阿部(2003)や井上(2006)でも指摘されていたことだが，大量の非集計レベルのデータを収集することを可能とする情報技術の発展において，マーケティングと最も隣接する研究分野である消費者行動研究が，その環境を十分に応用する研究を発展させなかった功罪として，リレーションシップ・マーケティングという新たなパラダイムが誕生したとも考えられる[1]。

しかし，ここでは，消費者行動研究の功罪と関連づけてリレーションシップ・マーケティングの誕生を言及したいわけではない。ここで言及したいことは，リレーションシップ・マーケティングは，企業の利潤を最大化するためのマーケティング対応として消費者との関係性を焦点としたマーケティング・アプローチであるわけだが，少し観点を変えてみると，外部マーケティング資源として消費者が企業のマーケティング・プログラムの開発に貢献していると捉えることもできる，ということである。なぜならば，リレーションシップ・マーケティングを実行するためには，マーケターは消費者からさまざまな情報を収集し，その消費者情報をもとにリレーションシップ・マーケティングのプログラムを開発していく。つまり，リレーションシップ・マーケティングのプログラムの開発や改善は，消費者情報そのものが源泉となっているのである。すなわち，一方では，リレーションシップ・マーケティングのプログラムを実行するために，マーケティング対応として消費者からさまざまな情報を収集しているようにも考えられるが，もう一方では，企業のマーケティング・プログラムの開発や改

---

1) 顧客関係管理（CRM）とは，リレーションシップ・マーケティングの概念上に成立しているのに対して，情報技術を駆使したデータベース・マーケティングは，CRMのツールとしてみなされている（Wehmeyer 2005）。

第2章 外部マーケティング資源としての消費者

善のための外部マーケティング資源として消費者が貢献していると捉えることもできるのである。

　もう1つのマーケティング事例として，顧客参加型の製品開発を考えてみたい。製品開発は，消費者ニーズを理解するのにコストがかかるうえ，しかもそのプロセスは複雑であり，何よりも膨大な時間を費やさなければならない。なぜならば，消費者自身は自らのニーズを正確に理解していても，その情報をマーケターに明確に伝えることができないからである。また，このことは，ニーズに関する情報は消費者にあり，そのソリューションに関する情報がマーケターにあるという構図からも理解できる。そこで考え出されたマーケティング・プログラムが，顧客参加型の製品開発である。顧客参加型の製品開発とは，マーケターが消費者のニーズを理解する努力を最小化し，リードユーザー（lead user）やプロシューマー（prosumer）と呼ばれる消費者に自ら製品開発に携わってもらうマーケティング・プログラムである。つまり，消費者ニーズを深く理解するためには，時間とコストを費やさないといけないのであれば，そのプロセスを消費者に代行してもらい，彼らが要求する，より高い水準のニーズを満たす製品を開発し，同時にその時間とコストを削減しようとするものである。そうすることで，消費者の微妙なニュアンスのニーズにも応えることができるし，何よりも競合に対して短期間で製品開発を進めることができるため，スピードが要求される市場においては，1つの競争優位性となる。このことは，外部マーケティング資源として，消費者がマーケティング活動に貢献している顕著な事例として捉えることができる。

　以上2つのマーケティング事例からも考えられるように，消費者は対応しなければならないマーケティング対象ではなく，むしろマーケターにとって競争優位性を獲得するための外部マーケティング資源となりうることを示してきた。これまでの消費者行動研究は，このような事例とは反対に，いかなるマーケティング戦略を構築して，消費者から好意的な反応を引き出すかということに注目することが多かったように思える。それゆえ，消

費者行動研究においてマーケティングを十分に考慮する機会は希薄化し，情報処理モデルという支配的なパラダイムの登場もあって，消費者行動研究が消費者の心理的な反応ばかりに焦点を当てるようになってしまったのではないだろうか。本書では，外部マーケティング資源として消費者を捉えていくことで，消費者行動研究とマーケティングの関連性を十分に検討していきたい。次節では，本書の分析対象となる拡張製品について詳述する。

2　拡張製品

▶ 半歩先の差別化

　世の中では，毎年数えきれないほどの新製品が市場に投入されている。日経BP社が発刊する月刊誌『日経TRENDY』では，創刊以来，毎年12月号にその年のヒット商品を紹介する人気企画がある。ヒット商品の中には，革新的な技術が製品設計に組み込まれたことによってヒット商品となったものもあれば，既存の技術をうまく変換してヒット商品となったものなど，多種多様である。毎年，無数の新製品が市場に投入され，その中から市場に残るものはごくわずかであり，さらにヒット商品となるものは，その中のほんの一握りである。新製品のタイプや，上市させる競争環境にも依存するが，新製品をヒット商品に育てあげるためには，かなり綿密なマーケティング戦略の設計がマーケターには要求される。

　このようなマーケティング競争下において，近年のヒット商品の製品開発に注目してみると，ある特徴が見えてくる。それは，革新的な製品開発というよりも，むしろ既存の製品に対して新たな付加価値を包含した「拡張製品」が多いということである。以下では，本書の実証分析にて，分析対象となる2つの拡張製品について紹介する。

　1つは，2006年2月に上市されたニベア花王の「8×4 Kirei」（以下，8×4キレイ）である。8×4キレイは，消臭緑茶エッセンスなどの成分が汗と

においを元から抑え，防臭効果を持続させるだけでなく，クリアベールパウダーがわきの毛穴や凸凹・黒ずみをふんわりとぼかし，わきをキレイに明るく見せる効果があるデオドラントパウダースプレーである。8×4キレイは，従来の既存製品「8×4」に対して，わきをキレイに明るく見せるという新たな付加価値を包含した拡張製品である。

　もう1つは，2010年5月に上市された日本コカ・コーラの「アクエリアス・スパークリング（AQUARIUS SPARKLING）」である。アクエリアス・スパークリングは，水分補給に適したアイソトニック設計をベースに，アミノ酸，クエン酸，D-リボースを配合したカロリーオフの炭酸飲料である。アクエリアス・スパークリングは，従来の既存製品「アクエリアス」に対して，炭酸という新たな付加価値を包含した拡張製品である。

　まさに一歩先というよりは半歩先の差別化とも呼べるような，漸進的な製品開発が拡張製品の特徴である。消費者行動研究では，このような半歩先の差別化が図られるような製品のことを，真に新しい新製品RNP（really new product）とは区別し，INP（incremental new product）という（Alexander, Lynch and Wang 2008; Castaño, Sujan, Kacker and Sujan 2008; Hoeffler 2003; Selinger, Dahl and Moreau 2006）。そして，消費者行動研究では，RNPに対する消費者の情報処理モードとして類推（analogy）が注目され，一方でINPに対してはカテゴリーベース処理（category-based processing）が注目されてきた（Peracchio and Tybout 1996; Sujan 1985; Sujan and Dekleva 1987）。そこで次節では，本書で注目する情報処理モードとして，カテゴライゼーションについて詳述する。

3 カテゴライゼーション
▶拡張製品に対する消費者の情報処理モード

　「カテゴライゼーション（categorization）」[2]とは，既成の範疇や分類枠に対象を出し入れする行為だけでなく，消費者が自由に創造的にカテゴリー

を設け，それに意味をつけて自らの世界を解釈する情報処理行為のことである（新倉 2005）。拡張製品に対する消費者の情報処理モードとして，カテゴライゼーションが注目されてきたわけだが，以下では，消費者のカテゴライゼーションを理解する際に必要な3つのカテゴリー構造[3]について説明する（新倉 2001）。その詳細は，第2章にて詳述するため，ここでは必要最低限の記述にとどめておく。

1つめは，分類学的なカテゴリー構造である。分類学的なカテゴリー構造では，対象間の最大公約数としての定義的特性（defining future）をカテゴライゼーションの判断基準とし，その定義的特性がカテゴリーメンバー間では等しく共有されている。また，そのカテゴリー構造は，上位レベル（superordinate level），基礎レベル（basic-level），下位レベル（subordinate level）と階層化され，上位レベルほど，より抽象度の高い定義的特性によってカテゴリーメンバーが規定されている（Johnson 1984; 1988）。

2つめは，グレード化されたカテゴリー構造である。グレード化されたカテゴリー構造では，当該カテゴリーを代表する抽象的な概念としてのプロトタイプ（prototype）と具体的な事例としてのエグゼンプラー（exemplar）に対して，どの程度の家族的類似性（family resemblance）があるのかによって，カテゴリーメンバーが規定されている。

3つめは，目的に導かれるカテゴリー構造である。目的に導かれるカテゴリー構造では，消費者の目的やその時々のコンテクストに応じて，これまで同じカテゴリーメンバーではなかった対象が，アドホックに同じ目的を共有することによって，カテゴリーメンバーとして規定される（Barsalou 1983, 1985）。

本書では，このうち拡張製品に対する消費者のカテゴライゼーションを，

---

2) カテゴライゼーションは，カテゴリーベース処理と同意である。
3) カテゴリー構造とは，本書で注目する消費者知識が記憶に貯蔵（または記憶から検索）される様式のことである。

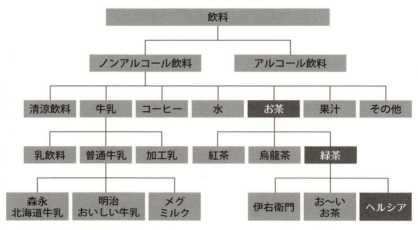

図2.1 階層的認知構造

(出所) 新倉 (2007), 52頁。

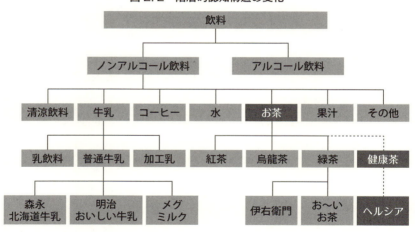

図2.2 階層的認知構造の変化

(出所) 新倉 (2007), 52頁。

分類学的なカテゴリー構造に基づいて検討する。たとえば，新倉（2007）では，「ヘルシア緑茶」に対する消費者のカテゴライゼーションを，階層的認知構造（hierarchical cognitive structure）において，以下のように考察してい

る（Rosch 1978; Rosch, Mervis, Gray, Johnson and Boyes-Braem 1976）。ヘルシア緑茶は，2003年5月に花王から上市された新製品であり，従来の緑茶に高濃度茶カテキンを豊富に含ませることで，体脂肪の燃焼を促進し，生活習慣病を予防するということを付加価値とした拡張製品である。ヘルシア緑茶が市場投入された当初の消費者のカテゴライゼーションを考えれば，「伊右衛門」や「お～いお茶」と等しく緑茶に関する定義的特性を共有していたことがわかる（図2.1）。しかし，拡張された付加価値の部分に消費者の焦点が当たることによって，いわゆる緑茶とは異なる対象として評価されるようになり，健康茶という新たなカテゴリーのエグゼンプラーとしてカテゴライゼーションされるようになったと考えることができる（図2.2）。私たち消費者は，どんな新しい対象を認識する際にも，過去に学習した既存知識（カテゴリー構造）を使って理解する（Rosa, Porac, Runser-Spanjol and Saxon 1999）。ヘルシア緑茶は，結果的に新しいカテゴリーを創造した革新的な新製品のように捉えられているが，分類学的なカテゴリー構造の視点から考えれば，発売当初は，あくまでも緑茶カテゴリーにおける拡張製品として捉えるべきなのである。

4 本書の構成

　本書は，5部構成，全12章から構成されている（図2.3）。
　第1章では，研究背景と問題意識について，消費者行動研究とマーケティングの関連性の希薄化について議論した。さらに，昨今の情報技術の発展による非集計データの入手可能性が高まったこと，消費者の多様化に対応するためにも，消費者個人の異質性を検討しなければならないことを議論してきた。
　第2章では，本書の主眼である外部マーケティング資源としての消費者とは，どういうことなのかを，リレーションシップ・マーケティングと顧

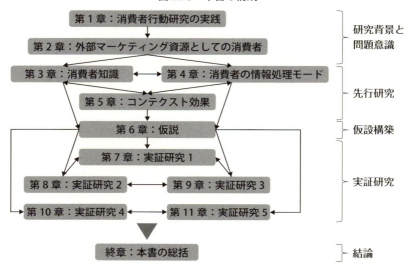

図2.3 本書の構成

客参加型の製品開発を一事例として議論した。次に，本書で注目する拡張製品について，本書で分析対象とする2つの製品の概略と，これまで消費者行動研究では，拡張製品がどのように考えられてきたのかについて議論した。そして，拡張製品に対する消費者の情報処理モードはカテゴライゼーションであることを示し，消費者のカテゴライゼーションについて整理し，本書では階層的認知構造に基づいて，拡張製品に対する消費者のカテゴライゼーションを理解していくことを示した。

　第3章では，本書の焦点となる消費者知識について，3つの側面（事前知識の貯蔵・類型・構造）から体系的な先行研究レビューを行う。事前知識の貯蔵については，記憶の二重貯蔵モデルを起点に消費者情報処理モデルの概略と消費者の認知学習について整理する。事前知識の類型については，消費者知識のタイプを宣言的知識と手続き的知識を中心に整理する。そして，事前知識の構造については，スキーマとカテゴリーという構造を中心に，さまざまな構造があることを示す。

第4章では，本書で注目していく拡張製品に対して，消費者知識がどのように消費者の情報処理に利用されるのかについて，3つの研究視点（知識転移，適度な不一致，カテゴリー不確実性）から体系的な先行研究レビューを行う。ここでは，それぞれの研究視点の特徴と限界について整理し，その限界が新たな研究視点を提供する契機となったことを示す。

　第5章では，拡張製品に対する消費者の情報処理モードから，消費者知識がなぜ外部マーケティング資源となりうるのかを説明するために，2つのコンテクスト効果（プロパティ・プライミングとカテゴリー・プライミング）について先行研究レビューを行う。

　第6章では，以上の先行研究レビューをもとに，次章以降の実証研究で明らかにしていく仮説を体系的に構築する。つまり，拡張製品に対する消費者の情報処理において，どのように消費者知識が利用されることで，いかなる情報処理モードが駆動するのか。また，そのような認知状況下においては，どのように消費者知識が外部マーケティング資源として戦略的にマーケティングに応用可能であるのかを示す。

　第7章では，拡張製品に対する消費者の情報処理を「適度な不一致」という視点から実証分析を行う。ここでは，拡張製品が既存製品に対して適度に不一致であれば，2段階の情報処理モードによってカテゴライゼーションされることを検証する。

　第8章では，拡張製品に対する消費者の情報処理を「カテゴリー不確実性」という視点から実証分析を行う。ここでは，ハイブリッド製品という新たな形態の拡張製品を分析対象とし，シングルカテゴリー信念という消費者の情報処理モードに注目する。そして，拡張製品がカテゴリー不確実であれば2段階の情報処理モードによってカテゴライゼーションされることを検証する。

　第9章では，前章と同様に「カテゴリー不確実性」という視点から実証分析を行う。ここでは，シングルカテゴリー信念に対峙するマルチプルカテゴリー信念という消費者の情報処理モードに注目する。そして，拡張製

品がカテゴリー不確実であれば，マルチプルカテゴリー信念を駆動させる消費者もいることを明らかにする。

　第10章では，カテゴリー不確実な拡張製品に対する消費者の情報処理モードの多様性をマルチプルカテゴリー信念へと収束させるための具体的な方法として，プロパティ・プライミングの効果を検証するための実証研究を行う。そして，消費者の情報処理モードを外部マーケティング資源と捉えることで，プロパティ・プライミングを包含したマーケティング・コミュニケーションへの戦略的示唆を提供する。

　第11章では，より広範なマーケティングへの適用可能性を目指して，カテゴリー・プライミングというコンテクスト効果に注目する。さらに，その成果指標も消費者の情報処理モードの変化ではなく，消費者の支払意向額とする。そして，消費者知識を外部マーケティング資源と捉えることで，カテゴリー・プライミングを包含した小売マーケティングへの戦略的示唆を提供する。

　終章では，これら実証研究の分析結果を受けて，外部マーケティング資源として活用しうる消費者行動について再検討を行い，本書の要約としたうえで，研究への貢献にとどまらず，マーケティング実務への展望とインプリケーションを導く。

　本書では，以上のような構成により，消費者行動研究の成果をマーケティングに応用可能とすることを目指して，外部マーケティング資源としての消費者について議論を展開していきたい。今日のマーケティング競争は，熾烈さを極めていく一方である。他方で，マーケターが入手可能なマーケティング資源は枯渇するばかりであり，戦略的にマーケティング資源を投資することが難しくなってきている。だからこそ，競争優位性を築くためには，少しでも多くのマーケティング資源を有機的に内部化し，資産化しておく必要がある。しかし，急速に展開されるマーケティング競争において，内部マーケティング資源を開発するだけでは，競争に勝つことはでき

ない。本書では，これまでマーケティング資源を投資する対象だった消費者は，むしろマーケターにとって熾烈なマーケティング競争を勝ち抜くための戦略的な外部マーケティング資源となりうることを示す。

第Ⅱ部　先行研究

第**3**章

消費者知識

はじめに

本章は，消費者知識について，3つの側面から体系的な先行研究レビューを行う（図3.1）。第1の側面は，「事前知識の貯蔵」に関する先行研究レビューである。事前知識の貯蔵に関する先行研究レビューでは，消費者が外部情報を事前知識として記憶するシステム（消費者情報処理モデル）と記憶の手続き（認知学習）に焦点を当てる。第2の側面は，事前知識として貯蔵されている「消費者知識の類型」に関する先行研究レビューである。そして，第3の側面は，「事前知識の構造（認知構造）」に関する先行研究レビューである。とくに，スキーマとカテゴリーという2つの認知構造に焦点を当てて，体系的な先行研究レビューを行う。

図3.1 第3章の構成：消費者知識

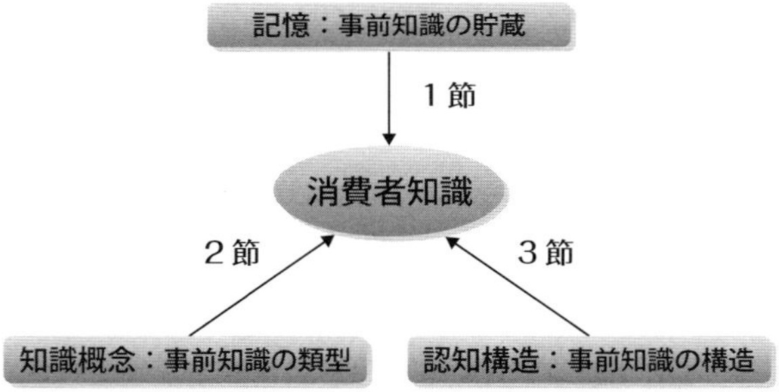

記憶：事前知識の貯蔵
　　　1節
消費者知識
2節　　　3節
知識概念：事前知識の類型　　認知構造：事前知識の構造

1 記　憶

▶ 事前知識の貯蔵

1.1　消費者情報処理モデル

本項では，消費者がどのように外部情報を自らの事前知識として構築していくのか，そのプロセスについて，消費者情報処理モデルに従って整理

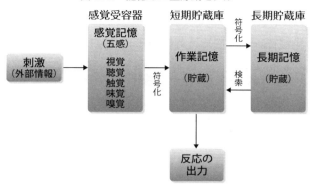

図3.2 記憶の二重貯蔵モデル

(出力)　Bettman（1979）p. 140 より作成。

する。

　消費者の情報処理システムは，図3.2のように捉えられている（Atkinson and Shiffrin 1968; Bettman 1979; Olson 1978）。図3.2の消費者情報処理システムを「記憶の二重貯蔵モデル」というが，このモデルが示す重要な側面は，消費者の事前知識を構築するための記憶システムは，一時的な作業領域としての記憶システムである「短期記憶（short-term memory）」と，ほぼ無限の記憶容量をもち，半永久的に情報が貯蔵される記憶システムとしての「長期記憶（long-term memory）」があるということである。

　最初に，消費者は自らを取り巻くさまざまな外部情報を視覚，聴覚，触覚，味覚，嗅覚という感覚レジスター（sensory registers）を使って，瞬間的に感覚記憶という記憶領域に保持する。ただし，ここで瞬間的に保持される情報は，消費者の選択的注意によって感覚レジスターに接触した外部情報のみである。そして，外部情報は感覚レジスターを経由して，一時的にその情報を貯蔵する短期記憶に保持される。短期記憶では，外部情報に対してリハーサル（rehearsal）と知覚符号化（perceptual encording）によって，客観的特性のかたまりである外部情報に対して，消費者は自らの主観的な解釈を加え，外部情報を主観的属性に変換する（中西 1984）。このリハー

第3章　消費者知識　　29

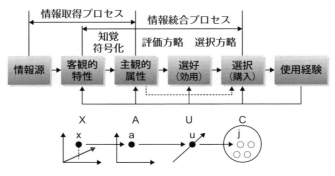

図3.3 情報取得プロセスと情報統合プロセス

(出所) 中西(1984),18頁。

サルと知覚符号化によってなされる短期記憶上での記憶の貯蔵プロセスのことを「情報取得プロセス」と「情報統合プロセス」という(図3.3)。

リハーサルには,「維持リハーサル」と「精緻化リハーサル」がある。まず,維持リハーサルによって反復と復唱による短期記憶上での外部情報の保持,活性化がなされる。なぜならば,長期記憶とは異なり,短期記憶の容量は限られており,短期記憶上で保持できる情報量は7±2項目までとされている[1]。そのため,維持リハーサルによって,事前知識の源泉となる外部情報が短期記憶上に保持されようとするのである。もし,外部情報の保持に失敗してしまえば,その外部情報は20~30秒程度で短期記憶上から忘却(forgetting)されてしまう。このように,消費者の選択的注意によって感覚レジスターを経由し,短期記憶上で維持リハーサルがなされる消費者の情報処理プロセスを情報取得プロセスという。

1) この短期記憶上に保持できる情報量のことをマジカルナンバー7という(Miller 1956)。ただし,ここで言及している情報量とは,チャンク(chunk)のことである。チャンクとは,消費者が処理する情報の単位としてのかたまりのことである。たとえば,ANA(All Nippon Airways)という航空会社名は,AとNとAの3文字から構成されているからといって3チャンクとしての情報量ではなく,通常はANAという航空会社名で消費者は処理するため1チャンクという情報量となる。

一方で，精緻化リハーサルとは，短期記憶上に保持されている外部情報とその外部情報に関連する長期記憶内から検索（retrieval）された情報[2]を統合させ，その更新された情報に対する意味やイメージを精緻化させることである。この精緻化リハーサルと関連する消費者の情報処理が，知覚符号化である。知覚符号化とは，情報取得プロセスによって更新された短期記憶上の情報を記憶表象（memory representation）に確立させることである。つまり，客観的特性のかたまりである更新された情報が，そもそも外部情報を取得するに至った消費者自身の問題認識に対する解決手段の源泉となりうるかどうかを判断する消費者の情報処理のことである。このように，精緻化リハーサルと知覚符号化によって，短期記憶上に保持された情報に対して消費者の主観的な意味づけや解釈，そして判断がなされる消費者の情報処理プロセスを情報統合プロセスという。

　そして，知覚符号化によって記憶表象に確立され更新された情報は，長期記憶へと貯蔵され，消費者の事前知識となる。ただし，これまで詳述した一連の記憶の貯蔵プロセスは，逐次的なプロセスではなく，むしろ部分的に外部情報が情報取得プロセスと情報統合プロセスによって処理され，残りの部分が追加的に同様のプロセスによって情報処理されるという，どちらかといえば循環的なプロセスを考えるほうが現実的である（阿部1984）。また，消費者の外部情報の取得に至った問題認識に対する動機づけの程度等によって，記憶の貯蔵プロセスは常に完結するとは限らない。

1.2　消費者の認知学習

　ここでもう1つ，事前知識の貯蔵に関して検討しなければならないことがある。それが，外部情報に対する消費者の「認知学習（cognitive learning）」である（Norman 1982）。消費者の認知学習は，消費者情報処理モデル

---

[2]　長期記憶内から検索された情報は，消費者の既存知識として貯蔵されている事前知識である。

の情報統合プロセスの部分で行われ，後述するスキーマという消費者の事前知識の構造化と密接な関係をもつ。消費者の認知学習には，「累加（accretion）」，「同調（turning）」，「再構造化（restructuring）」の3タイプがある。累加とは，さまざまな経験を通じて，外部情報を長期記憶から検索された事前知識に追加的に結合させる消費者の認知学習のことである。同調とは，さらなる経験によって，累加による事前知識の更新が外部情報に関する情報処理を非効率にさせる場合に，外部情報を効率的に処理できるように編集をともなう事前知識の更新を行う消費者の認知学習のことである。そして，さらなる経験によって外部情報が取得されると，同調によって編集された事前知識でも情報処理が非効率になってくる。その場合には，これまでの事前知識を再構造化させることによって，より厳密かつ複雑に規定された事前知識を用いて外部情報が処理される。

たとえば，クルマに関する外部情報に対する消費者の認知学習の場合，最初は長期記憶に貯蔵されているクルマに関する事前知識が検索される。しかし，クルマに関する購買・消費経験が蓄積されるに従って，クルマに関する事前知識は更新され，たとえばコンパクトカーに関する事前知識へと編集されることとなる。そして，さらなる経験が蓄積されると，コンパクトカーに関する事前知識は，長期記憶に貯蔵されているクルマに関する事前知識の一部分となり，クルマに関する外部情報は，コンパクトカー，スポーツカー，ミニバン，セダン等に関する複雑かつ厳密に規定された事前知識へと再構造化されることになるのである。このような消費者の認知学習のダイナミズムによって，外部情報に対する消費者の情報処理は，洗練され，高度化していくのである。

2　知　識　概　念

▶ 事前知識の類型

本節では，長期記憶に貯蔵された消費者の事前知識のタイプについて詳

述する (青木 1993)。消費者の事前知識には,「宣言的知識 (declarative knowledge)」と「手続き的知識 (procedural knowledge)」がある (Tulving 1983)。

　宣言的知識とは,事実,概念,関係についての事前知識であり,これらすべては言語または「AはBである」という命題形式で記憶されている[3]。たとえば,宣言的知識を構成している要素としては,ビール,口紅,クルマといった製品カテゴリーに関する知識だったり,ビールを飲む,口紅をつける,クルマに乗るといった特定の行為に関する知識だったり,さまざまな知識がある。そして,これらの知識が相互に結合しているものを宣言的知識という。つまり,具体的には,ビールを飲むのは20歳になってからである,口紅をつけることは身だしなみである,クルマは移動手段の1つである,といったように2つの知識が結合している状態を宣言的知識という。

　また宣言的知識は,「エピソード的知識 (episodic knowledge)」と「概念的知識 (conceptual knowledge)」に大別される。エピソード的知識とは,時間的,空間的に定位された消費者自身の過去の経験や出来事に関する宣言的知識のことである。たとえば,私は昨日クルマに乗った,という経験に基づく宣言的知識がエピソード的知識である。概念的知識とは,事実間の関連づけがなされた意味ネットワーク状の宣言的知識のことである[4]。たとえば,クルマに乗ることは楽しい,といった意味づけがなされた宣言的知識が概念的知識である。

　それに対して,手続き的知識とは,物事の手続きややり方に関する事前知識であり,これらは「AならばBである」というプロダクション形式で記憶されている。たとえば,ビールを飲んだ後には体内のアルコール濃度

---

[3] そのため宣言的知識は,命題記憶 (propositional memory) と呼ばれることもある。
[4] そのため概念的知識は,意味記憶 (semantic memory) と呼ばれることもある。意味記憶は,超時間的,超空間的なものである (青木 1993)。

を下げるために水をたくさん飲むという知識だったり，今日の服装は地味だから明るい色の口紅で口元を際立たせるという知識だったり，急な坂道ではギアを1段階落とすことでクルマはスムーズに坂道を上れるという知識などが考えられる。手続き的知識は，消費者が生活する中で経験するさまざまな特定的状況から学習される（Peter and Olson 2008）。つまり，ビールを飲んだことがない，地味な服装をしたことがない，急な坂道をクルマで上ったことがない消費者にとって，先述したような手続き的知識は学習されないのである。

3 認知構造

▶ 事前知識の構造

本節では，長期記憶に貯蔵された消費者の事前知識の構造について詳述していく。前節で述べたように，消費者の事前知識には，宣言的知識と手続き的知識がある。しかし，消費者の事前知識は，そのタイプに関係なく，相互に関連づけられた何らかの認知構造によって長期記憶に貯蔵されている。消費者の認知構造には，フレーム，スクリプト，意味ネットワーク，スキーマ，そしてカテゴリーといった概念がある。ここでは，とくに，後述の議論と関連が深いスキーマとカテゴリーという2つの概念から，消費者の事前知識の構造について詳述する（図3.4）。

3.1 スキーマ

「スキーマ（schema）」とは，ある対象を認知する際に能動化するフレームワークとして体制化された事前知識のことである。スキーマとしての事前知識は，消費者の過去の経験や直面した具体的な出来事が一般化された知識群として記憶されている。私たち消費者は，さまざまな過去の経験や出来事から事前知識を長期記憶に貯蔵しているわけだが，常にそれらすべての事前知識を用いて新製品を認知したり，購買する製品を決めたりして

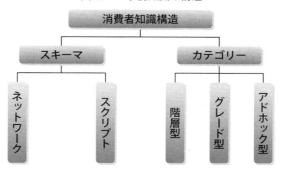

図3.4 事前知識の構造

いるわけではない。たとえば，店頭でビールの新製品をみつけたら，私たちはビールと関連するこれまでの過去の経験や出来事に関する事前知識だけを能動化させる。同様に，クルマの購入を検討しているのであれば，私たちは，クルマに関連するこれまでの過去の経験や出来事に関する事前知識だけを能動化させる。店頭でビールの新製品をみつけたとき，クルマの購入を検討しているとき，私たちは，口紅に関連するこれまでの過去の経験や出来事についての事前知識を能動化させることはほとんどないであろう。このように，対象を認知する際に能動化させる消費者の過去の経験や直面した具体的な出来事が一般化された知識群を，スキーマという。

そして，例示したようなビールやクルマに関するスキーマは，製品に対するスキーマなので，より抽象的に捉えれば製品スキーマとして考えることもできる。能動化させるスキーマの対象が犬や猫であれば，それは動物スキーマであるかもしれないし，ペットスキーマかもしれない。つまり，スキーマとは，消費者がある特定の認知する対象と関連して一括りに能動化させる事実の集合であり，複数の概念を包含するものなのである。そのため，常に固定化されているわけではないが，スキーマとは変化しにくい固定化した部分と，そうではない変化しやすい可変的な部分の両方から構成されていることに注意しなければならない（新倉 2005）。

また，スキーマには2つのタイプがある。1つは，そのほとんどが宣言

的知識(エピソード知識と概念的知識)によって構成されるスキーマである。それに対してもう1つのスキーマは,そのほとんどが手続き的知識によって構成されるスキーマである。また両方のスキーマは,ネットワーク状に構造化されている。前者のスキーマは,ブランド知識などがそれに相当し,後者のスキーマは,レストランで食事をする際に能動化する知識などが相当する(Peter and Olson 2008)。とくに,生起順序のある出来事に関する長期記憶に貯蔵された後者のスキーマのことをスクリプト(script)という。たとえば,レストランで食事をする際に能動化するスクリプトとは,「レストランに入る」→「席に着く」→「注文する」→「食事をする」→「代金を支払う」→「レストランを出る」といったように,連続的かつ時系列的に手続き的知識が関連づけられているのである。

3.2 カテゴリー

「カテゴリー(category)」とは,ある対象を認知する際に関連づけられる,消費者が保持している一般化かつ範疇化された事前知識のことである。カテゴリー知識(categorical knowledge)やカテゴリー構造(categorical structure)と呼ばれることもある。前章でも整理したように,カテゴリーには,分類学的なカテゴリー構造,グレード化されたカテゴリー構造,そして目的に導かれるカテゴリー構造がある(新倉 2001)。

分類学的なカテゴリー構造とは,本書の焦点となる階層的認知構造のことである(図2.1または図2.2)。分類学的なカテゴリー構造は,対象間の最大公約数としての定義的特性をカテゴライゼーションの判断基準とし,当該カテゴリーにおいては,その定義的特性をメンバー間で等しく共有していることが仮定されている。また,分類学的なカテゴリー構造は,階層化された構成概念を用いることが多く,上位レベル,基礎レベル,下位レベルの順で,より抽象的な定義的特性が,カテゴリーメンバー内に組み込まれていく(Johnson 1984, 1988)。つまり,下位レベルに位置づけられるほど,当該カテゴリーにおいて,その典型性が顕著になってくるのである(Loken and Ward 1990)。また，先述した消費者の認知学習によって最初に獲得されるカテゴリーは，基礎レベルのカテゴリーであり，これが最も一般的に使用されるカテゴリー名称となり，カテゴリーの内容が明確な心象として把握されるのである（青木 2010; Rosch 1978）。そのため，基礎レベルのカテゴリーは，スキーマとして最も能動化されやすいカテゴリーとなる。そして，消費者の認知学習が蓄積し，精通性（当該カテゴリーの購買経験や消費経験など）が増大するに従い，上位レベルと下位レベルにおいても，カテゴリーが形成されていくこととなる。

次に，グレード化されたカテゴリー構造とは，カテゴリー間に明確な境界線を仮定するのではなく，ファジーに規定された構造の中で，当該カテゴリー内のメンバーが共有する家族的類似性をもとに，どの程度カテゴリーの典型性をもっているのかどうかが判断される（Ward and Loken 1986）。典型性とは，ある対象が，そのカテゴリー内の他のメンバーと共有する特性の平均的な数の関数である（Ratneshwar and Shocker 1991）。そして，その特性をある対象はいくつもっているのかということが，その対象に対する家族的類似性を規定する。先述した分類学的なカテゴリー構造は，どちらかというと，どのように新しいカテゴリーが獲得されるかというところに焦点が当てられているが，グレード化されたカテゴリー構造は，カテゴリーメンバーによって，どのようにカテゴリーの典型性が規定されていくのかというところに焦点が当てられている。

そして，目的に導かれるカテゴリー構造とは，分類学的なカテゴリー構造のように定義的特性によってでもなく，グレード化されたカテゴリー構造のように家族的類似性によってでもなく，消費者の目標やそのときに置かれた文脈に応じて，アドホックに発生するカテゴリーのことである（Barsalou 1983, 1985; Loken, Barsalou and Joiner 2008）。たとえば，今日は家族で外食に行くという状況に消費者が置かれたときには，1人ではなく家族で外食に行くことに関連したお店や料理，移動手段等が長期記憶から検索される。このことからもわかるように，目的に導かれるカテゴリー構造

とは，決して物理的な特性やその類似性によって規定されるカテゴリーではないのである（新倉 2005）。

4 まとめ
▶ 消費者知識と情報処理モード

本章では，消費者知識について，以下3つの側面から体系的な整理を行った。

第1の側面は，事前知識が長期記憶に貯蔵されるための記憶システム（消費者情報処理モデル）についてである。ここでは，消費者が感覚記憶，短期記憶，長期記憶という3つの記憶領域を用いて，外部情報を事前知識として長期記憶に貯蔵していることを示した。また，記憶システムとの関連性から消費者の認知学習についても詳述し，短期記憶上で駆動する記憶手続きの一部分である情報統合プロセスにおいて，累加，同調，再構造化という消費者の認知学習のダイナミズムが駆動していることを示した。

第2の側面は，どのような事前知識が長期記憶内に貯蔵されているのかを示すために，消費者の事前知識の類型化を行った。消費者の事前知識には，大きく宣言的知識と手続き的知識があることを示し，さらに宣言的知識にはエピソード的知識と概念的知識があることも示した。また，これらの事前知識は，消費者の過去の経験に基づいて長期記憶に貯蔵されることも示し，事前知識に関する消費者個人の異質性を十分に検討する必要性を示した。

そして第3の側面は，どのように事前知識が長期記憶内に貯蔵されているのかを示すために，消費者の事前知識の構造（認知構造）について詳述した。消費者の認知構造は，大きくスキーマとカテゴリーという構造があることを示し，スキーマには，ブランド知識のような宣言的知識を中心とする認知構造と，スクリプトと呼ばれる手続き的知識を中心とする認知構造があることを示した。また，カテゴリーには，分類学的なカテゴリー構造，

グレード化されたカテゴリー構造，そして目的に導かれるカテゴリー構造があることを示した。そして，これら消費者の事前知識の構造は，構成要素となる事前知識のタイプと構成要素間の関連性が重要な側面になってくることを示した。

　本章では，消費者知識に焦点を当ててきたが，事前知識は消費者の情報処理モードを駆動させる重要な資源となる。たとえば，消費者の情報処理モードには，大きく理論駆動型処理とデータ駆動型処理というものがあるが，前者はこれまでの事前知識から構成された概念的構造に基づき駆動するトップダウン型の情報処理であり，後者は外部情報を起点として構成されていく事前知識に基づいて駆動するボトムアップ型の情報処理である（Lindsay and Norman 1977; 新倉 2005）。つまり，消費者の情報処理モードの規定要因として，事前知識は重要な役割を担っているのである。そこで，次章では，消費者知識と情報処理モードの関連性を明らかにするために，事前知識が消費者の情報処理モードを規定する状況として，拡張製品に対する消費者の情報処理モードについて検討する。

第4章

拡張製品に対する
消費者の情報処理モード

はじめに

本章では，事前知識に規定される消費者の情報処理モードについて先行研究レビューを行う。とくに，本章では，本書の分析対象となる「拡張製品に対して，消費者が駆動させる3つの情報処理モードの可能性」について検討する（図4.1）。つまり，消費者はどのように長期記憶に貯蔵している事前知識を利用して，拡張された新製品を情報処理するのかについて明らかにする[1]。

図4.1　第4章の構成：拡張製品に対する消費者の情報処理モード

1節	2節	3節
知識転移	適度な不一致	カテゴリー不確実性

1　知識転移

拡張製品に対する第1の消費者情報処理モードは，「知識転移（knowledge transfer）」に関する研究である。知識転移とは，新しい対象に直面した消費者が，事前知識を有効に活用することによって，知識獲得，知覚，評価を行う情報処理過程を捉える概念である（秋本 2004）。知識転移には，カテゴリーベース処理と類推という2つの情報処理モードがある（Gregan-Paxton 2001; Gregan-Paxton and Moreau 2003; Gregan-Paxton and Roedder John 1997; Gregan-Paxton, Hibbard, Brunel and Azar 2002; Roehm and Sternthal 2001）。

カテゴリーベース処理とは，属性を細かく情報処理するボトムアップ型

---

[1] 多くの先行研究によって，拡張製品も含めた新製品に対する消費者の情報処理モードは，外部情報に依存するだけでなく，過去の購買・消費経験によって記憶に蓄積された事前知識を用いてなされるということが検証されている（Alba and Hutchinson 1987）。

の情報処理モード[2]ではなく，消費者が事前知識として保持している何かしらのスキーマを使って行うトップダウン型の情報処理モードのことである（Fiske 1982; Fiske and Pavelchak 1986; Mervis and Rosch 1981; Rosch 1975; Rosch and Mervis 1975; Smith and Medin 1981）。カテゴリーベース処理による消費者の情報処理を検証した萌芽的研究の1つに Sujan（1985）がある。Sujan（1985）では，新製品と消費者のスキーマ[3]が一致している場合に，カテゴリーベース処理が駆動することを明らかにしている。また，カテゴリーベース処理は，ピースミール・モードに比べて消費者の情報処理が速く，製品属性ではなく製品カテゴリーに関する発言が多く観察されることを明らかにしている。さらに，これらのことは事前知識が豊かな消費者（expert）ほど顕著であることを明らかにしている。

　Sujan（1985）以前までは，そのほとんどがピースミール・モードを仮定した消費者情報処理研究であったが，それを補完する新しい概念としてSujan（1985）を契機にカテゴリーベース処理に関する消費者情報処理研究がなされるようになった。ただし，カテゴリーベース処理による新製品に対する消費者の情報処理モードのインプリケーションは，限定的にならざるをえなかった。なぜならば，カテゴリーベース処理は，事前知識をそのまま新製品に対して転移させる情報処理モードであり，そのためには新製品とスキーマが一致していなければならないからである。つまり，いくら製品拡張によって開発された新製品に対する消費者情報処理モードとはいえ，そのような状況を想定できることは，それほど多くはなかったのである。

---

2) このような情報処理をピースミール・モード（piecemeal mode）という。
3) Sujan（1985）では，スキーマ（事前知識）のことをカテゴリー期待（category expectation）と表現している。

2 適度な不一致

　そこで，拡張製品に対する第2の消費者情報処理モードとして登場したのが，「適度な不一致 (moderate incongruity)」に関する研究である。適度な不一致とは，Mandler (1982) によって創始された概念であり，Sujan (1985) では新製品とスキーマの完全一致または完全不一致しか考えられていなかった点に着目し，その間を捉えようとした概念である。図4.2に示されるように，新製品とスキーマが完全に一致 (extreme congruity) した場合，消費者はカテゴリーベース処理を駆動させる (Sujan 1985)。新製品とスキーマが完全に不一致 (extreme incongruity) した場合，消費者は別のスキーマに変更してカテゴリーベース処理を駆動させる (Stayman, Alden and Smith 1992)。そして，新製品とスキーマが適度に不一致した場合，消費者は断片的かつ分析的なピースミール・モードを駆動させ，認知的精緻化が促進されるのである (清水 1999, 2004)。このような適度な不一致に関する消費者情報処理研究を検証した萌芽的研究の1つに，Meyers-Levy and Tybout (1989) がある。

　Meyers-Levy and Tybout (1989) では，新製品には，スキーマと一致する属性と一致しない属性の両方の側面が製品設計に組み込まれていることを前提としている。そして，当該製品に関連する消費者の事前知識に階層的認知構造を仮定し，適度な不一致における消費者の情報処理モードは，下位レベルへと新製品を位置づける認知的精緻化 (cognitive elaboration)，すなわちサブカテゴリー化 (subtyping)[4]が駆動することを指摘している

---

4) サブカテゴリー化とは，消費者が対象に対して多くの認知努力を費やした結果であり，その他の対象に対して当該対象が差別的に情報処理された成果を意味する (Sujan and Bettman 1989)。そのため，当該対象に対する消費者の好ましい態度変容を期待することができる認知状態なのである。

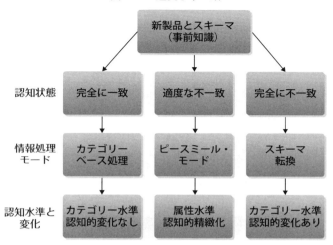

図4.2 適度な不一致

（図4.3）[5]。そして，新製品とスキーマの適度な不一致は，完全に一致または不一致した場合よりも，対象に対する消費者の認知的精緻化を促進させ，結果として，より好ましく対象を評価することを明らかにしている。さらに，このことは，事前知識があまり豊かではない消費者（novice）ほど顕著であることが明らかになっている。つまり，Alba and Hutchinson（1987）や Sujan and Dekleva（1987）でも指摘されているように，事前知識が豊かな消費者ほど階層的認知構造はリジッドに体系化されているため，製品とスキーマの間で適度な不一致が生じにくくなっているのである。

5） Meyers-Levy and Tybout（1989）では，当時，ダイエットコーラが初めて上市された際の階層的認知構造における消費者の情報処理モードを，図4.3のように示している。階層的認知構造の基礎レベルにおいて，「コーラ」に関するスキーマが駆動し，ダイエットコーラはカテゴリーベース処理されるが，「コーラ」に関するスキーマとは一致しない「ダイエット」という属性がピースミール・モードによって処理されることで，ダイエットコーラを適度に不一致な新製品として，下位レベルへと位置づけられることを指摘している。

図4.3 階層的認知構造とサブカテゴリー化

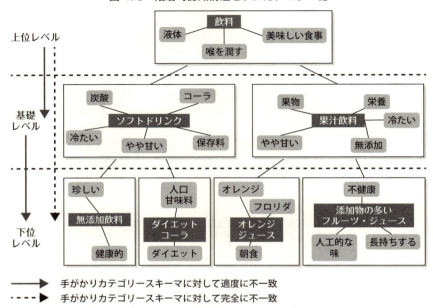

（出所） Meyers-Levy and Tybout (1989) p. 42 を一部修正。

　Ozanne, Brucks and Grewal（1992）は，新製品とスキーマの適合度と消費者の情報探索（information search）の間には逆U字型の関係が存在し，その適合度が適度に不一致な場合，最も新製品に対する情報探索が促進されることを明らかにしている。

　さらにStayman, Alden and Smith（1992）は，Meyers-Levy and Tybout（1989）を拡張した研究となっている。Stayman, Alden and Smith（1992）では，新製品に対する消費者の情報処理モードを2段階に識別している。第1段階は，消費者が新製品に対する期待（expectation）を形成する，製品を使用する前の段階である。第2段階は，消費者が形成された期待と実際の製品パフォーマンスの適合度を知覚する使用後である。つまり，Stayman, Alden and Smith（1992）では，スキーマとしての事前知識の構造をよ

り精緻に捉えようとしている。その結果，第1段階では，新製品とスキーマが不一致している場合，消費者はスキーマを転換すること（schema switching）を明らかにしている。第2段階では，形成された期待（スキーマ）と実際の製品パフォーマンスが不一致している場合，消費者は能動化させたスキーマによって製品パフォーマンスを評価しようとするため，使用前よりも製品の評価を下げてしまうことを明らかにしている。しかし，第2段階において，形成された期待（スキーマ）と実際の製品パフォーマンスが適度に不一致している場合，消費者は新製品に対する評価を高めることを明らかにしている。

　以上が，適度な不一致に関する代表的な先行研究であるが，適度な不一致に関する消費者情報処理研究は，拡張製品に対して適切な研究アプローチであることがわかる。なぜならば，製品拡張による新製品は，これまでの消費者の過去の購買・消費経験から構成される事前知識が一致する部分と，拡張された新製品であるがゆえに，事前知識とは不一致する部分が必ずあるからである。ただし，適度な不一致は，常に新製品に対する消費者の情報処理に好ましい影響を与えるわけではない。新製品であるがゆえに，新製品とスキーマのマッチングにおいて何かしらの不確実性を知覚した消費者は，新製品とスキーマの適度な不一致よりも完全に一致させたほうが好ましい評価を下すことも検証されているのである（Campbell and Goodstein 2001）。このことが，製品拡張による新製品の失敗の原因となることもある。

3 カテゴリー不確実性

　そして，拡張製品に対する第3の消費者情報処理モードとして，新製品と消費者の事前知識の一致または不一致に関する議論から，何かしらの不確実性における消費者の情報処理へと議論が発展していくこととなる。い

わゆる,「カテゴリー不確実性 (category uncertainty)」に関する研究である。カテゴリー不確実性とは,新しい対象を認識する際に,消費者が能動化させるカテゴリースキーマが一義的ではないということである。つまり,新製品に関する情報が,単一の既存カテゴリー内で新しい市場提供物として位置づけることが困難または不可能な状況のことをさす (Gregan-Paxton, Hoeffler and Zhao 2005)。カテゴリー不確実性に関する消費者情報処理研究は,認知心理学の分野において多くの先行研究が蓄積され,さまざまなカテゴリー不確実性における推論 (inference) が明らかにされてきた (Hayes and Newell 2009; Macrae, Bodenhausen and Milne 1995; Malt, Ross and Murphy 1995; Murphy and Ross 1994, 1999, 2010; Ross and Murphy 1996)。

　カテゴリー不確実性に関する議論は,Murphy and Ross (1994) をその端緒とする。Murphy and Ross (1994) では,被験者に人工的に生成した色と形に関する複雑な実験環境に接触させ,その後,被験者にいくつかの異なる色と形を識別させる課題を与え,被験者がどのようにそれらの課題を処理したのかを検証している。つまり,複雑な実験環境に接触させることによって,被験者のスキーマをカテゴリー不確実性の高い認知状態とし,新しい対象をどのように情報処理するのかを検証しているのである。その結果,カテゴリー不確実性における被験者の情報処理は,特定のカテゴリースキーマ (target category) を基準に,新しい課題に対する情報処理を駆動させていることが明らかになった。つまり,カテゴリー不確実性を回避するために,あえてカテゴリー不確実な認知状態の原因となる他のカテゴリースキーマ (alternative category) を無視すること (neglect of uncertainty) が明らかになったのである。このような被験者の情報処理モードを「シングルカテゴリー信念 (single-category belief)」という[6]。

　Malt, Ross and Murphy (1995) では,カテゴリー不確実性を意図的に含

---

[6] シングルカテゴリー信念とは,対象に対する情報処理過程において,他の選択肢を考慮しないことを意味する。

ませた物語を被験者に読ませている。その物語の中では，ある主人公が自宅のドアベルを鳴らすことを期待する人物がいることを物語の中心としている。しかし，その物語の中では，ドアベルを鳴らす可能性がある人物が何人か登場してくる。そして，物語は誰がドアベルを鳴らしたのかは不明瞭に終わらせ，被験者にドアベルを鳴らした人物を回答させるという課題を与えている。つまり，ドアベルを鳴らした人物を予期させる選択肢（複数の登場人物）を設定していることが，被験者にカテゴリー不確実な認知状態を形成させているのである。そして，この実験においても被験者からは，シングルカテゴリー信念の駆動が検証された。さらに，Ross and Murphy (1996) では，同様の物語を用いて，カテゴリー不確実性の程度に関係なく，被験者はシングルカテゴリー信念を駆動させることを明らかにしている。

Murphy and Ross (1994) や Malt, Ross and Murphy (1995)，Ross and Murphy (1996) 以降も多くの先行研究が蓄積されたが，そのほとんどがシングルカテゴリー信念の駆動を検証している。すなわち，カテゴリー不確実性とは，被験者個人内においては，その対象に対して能動化させるカテゴリースキーマは1つであるが，そのカテゴリースキーマは被験者間で一義的に決まっているわけではないので，全体的には，その対象に対して能動化させるカテゴリースキーマは2つ以上なのである。

しかし，シングルカテゴリー信念の駆動が検証されるのと同時に，2つ以上のカテゴリースキーマを駆動させる「マルチプルカテゴリー信念 (multiple-category belief)」の可能性も検証されてきた[7]。たとえば，Hayes and Newell (2009) では，被験者にある対象を情報処理させる課題を与え，その課題に失敗すると被験者が損失を被ることを条件とし，被験者がマルチプルカテゴリー信念を駆動させることを明らかにしている。

そして，カテゴリー不確実性に関する研究は，拡張製品に対する消費者

---

7) マルチプルカテゴリー信念とは，対象に対する情報処理過程において，他の選択肢を考慮することを意味する。

情報処理研究でも検証されるようになってきた。その分析対象は，とりわけ「ハイブリッド製品（hybrid product）」というものが用いられている。ハイブリッド製品とは，カメラ付き携帯電話のように2つ以上のカテゴリー属性が1つに集約された製品のことである。つまり，ハイブリッド製品は，2つ以上のカテゴリー属性が製品設計に組み込まれているため，潜在的に2つ以上のカテゴリースキーマによって情報処理される可能性がある。

　Gregan-Paxton, Hoeffler and Zhao（2005）では，カテゴリースキーマとカテゴリースキーマにおける精通性（familiarity）の関係性から，シングルカテゴリー信念とマルチプルカテゴリー信念の駆動を検証している。そして，ハイブリッド製品に対して概念的に（conceptual）認識する部分よりも知覚的に（perceptual）認識する部分において精通性が高ければ，シングルカテゴリー信念が駆動することを明らかにしている[8]。反対に，ハイブリッド製品に対して知覚的に認識する部分よりも概念的に認識する部分において精通性が高ければ，マルチプルカテゴリー信念が駆動することを明らかにしている。

　Lajos, Katona, Chattopadhyay and Sarvary（2009）では，ハイブリッド製品に対する消費者の情報処理にマルチプルカテゴリー信念の駆動を仮定し，カテゴリー不確実性が高い認知状態において，その情報処理がいかに拡張するのかを示すモデル（CAM: category activation model）を提案している。ハイブリッド製品として開発された新製品を認識する際の事前知識は階層的認知構造を仮定した研究となっており，その事前知識の拡張を捉えようとした研究となっている。そして，ハイブリッド製品に対して消費者はサブカテゴリー化を駆動させることを明らかにしている。

　Rajagopal and Burnkrant（2009）では，ハイブリッド製品に対する消費者の情報処理にシングルカテゴリー信念の駆動を仮定し，どのような刺激

---

[8] カテゴリーラベルに対する情報処理を概念的な認識，ビジュアルに対する類似性判断を知覚的な認識という（Yamauchi and Markman 2000）。

を与えることで，その情報処理をマルチプルカテゴリー信念へと変換させることができるのかということを検証している。なぜならば，マルチプルカテゴリー信念は，シングルカテゴリー信念より製品に対する認知的精緻化を促進させ，その結果，製品に対する評価を好ましく形成する傾向があるからである。

このように昨今の消費者情報処理研究において，カテゴリー不確実性に関する研究は，どのような刺激を与えることで，消費者の情報処理モードが変換されるのかを検証することを目的とした実験計画デザインに基づく先行研究が多い。そのほかにも，同研究分野では，カテゴリーメンバーシップ（category memberhip）の算出によるファジー集合理論（fuzzy-set theory）を用いた研究も試みられている（Zadeh 1965）。ファジー集合とは，境界線が明確に規定されない要素の集合のことであり，カテゴリーメンバーシップとは，新製品とカテゴリースキーマの確率的なマッチングのことをいう[9]。つまり，新製品とカテゴリースキーマが一致するか，一致しないかの判断ではなく，新製品とカテゴリースキーマがどの程度一致しているのかを明らかにすることで，拡張製品に対する消費者の情報処理を明らかにしようとする試みである。

ファジー集合理論を消費者情報処理研究に応用した先行研究として，Viswanathan and Childers（1999）がある。Viswanathan and Childers（1999）では，製品を属性の束として捉え，製品属性が消費者の情報処理に及ぼす影響をファジー集合理論によって明らかにしている。つまり，複数の属性から設計される製品は，それぞれの属性がその属性カテゴリーに確率的なカテゴリーメンバーシップをもつため，それらの合成関数によって製品がカテゴライゼーションされるカテゴリーが確率的に規定されることを検証している。そして，カテゴリー不確実性における消費者の情報処理

---

[9] カテゴリーメンバーシップは，プロトタイプ（prototype）によるカテゴライゼーションと類似する（Trujillo 2008）。

図4.4 ノートパソコンの重さに関するカテゴリーメンバーシップ

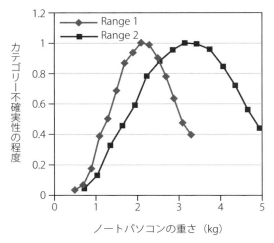

（注） Range 1：0.5〜3.3 kg, Range 2：0.75〜4.95 kg.
（出所） Trujillo (2008).

は，属性水準のカテゴリーメンバーシップと製品水準のカテゴライゼーションの関係性を考慮すべきことを指摘している。

　Trujillo (2008) においても，Viswanathan and Childers (1999) に従い，属性水準のカテゴリーメンバーシップに研究の焦点が当てられ，拡張製品に対する消費者情報処理研究が試みられている。ただし，Trujillo (2008) では，カテゴリーメンバーシップは与えられた文脈（コンテクスト）によって変化することを明らかにしている。たとえば，消費者にノートパソコンの重さについてカテゴリーメンバーシップの判断をさせると，0.5〜3.3 kg の間で 0.2 kg 刻みの場合と，0.75〜4.95 kg の間で 0.3 kg 刻みの場合では，同じ 2 kg という重さ（属性）に対してもカテゴリーメンバーシップ値が異なってくることを明らかにしている（図4.4）。さらに，情報処理が困難な属性ほどコンテクスト効果が効果的であることを明らかにしている。

4 まとめ

▶ 拡張製品に対する消費者の情報処理モードとコンテクスト効果

　本章では，事前知識に規定される消費者の情報処理モードについて，以下3つの研究分野について体系的な先行研究レビューを行った。

　第1の研究分野は，知識転移である。ここでは，Sujan (1985) を端緒に研究が発展したカテゴリーベース処理について詳述し，カテゴリーベース処理に関連した消費者の情報処理研究の展開とその限界について示した。

　第2の研究分野は，適度な不一致である。ここでは，知識転移に関する研究の限界から新たに展開された研究分野として，Meyers-Levy and Tybout (1989) を端緒とした適度な不一致に関する研究が位置づけられることを明らかにし，適度に不一致な拡張製品に対する消費者の情報処理モードは，カテゴリーベース処理とピースミール・モードが駆動することを示した。

　第3の研究分野は，カテゴリー不確実性である。ここでは，Murphy and Ross (1994) を端緒に，2000年代中盤頃から研究が発展したことを，代表的な研究をいくつか引用して詳述し，カテゴリー不確実な拡張製品に対する消費者の情報処理モードは，シングルカテゴリー信念とマルチプルカテゴリー信念の駆動があることを示した。

　本章では，事前知識に規定される消費者の情報処理モードに焦点を当ててきた。このことは，消費者知識の量や質の違いによって，消費者の情報処理モードが異なることを示している。しかし，このように示される消費者の多様性を理解するだけにとどまってしまえば，消費者行動研究の成果をマーケティングに応用することはできない。むしろ，消費者の多様性を理解することができるからこそ，マーケティングへの新たな示唆を提供できる機会があると考えることもできるのではないだろうか。次章では，その一例としてコンテクスト効果に注目することで，消費者行動研究の成果

をマーケティングに応用するという本書の大目的に近づいていきたい。

第5章

製品拡張におけるコンテクスト効果

はじめに

本章では，本書の大目的である消費者行動研究の成果をマーケティングに応用するために，2つのコンテクスト効果について先行研究レビューを行う（図5.1）。1つは，属性水準のコンテクスト効果であるプロパティ・プライミングである。もう1つは，カテゴリー水準のコンテクスト効果であるカテゴリー・プライミングである。双方とも，コンテクスト効果の一種である「プライミング効果（priming effect）」である。プライミング効果とは，先行刺激への接触が，後続刺激に対する評価に及ぼす影響のことである。たとえば，自宅のテレビでTVCMを視聴している状況を想像していただきたい。高級なファッションブランドの広告を視聴した後に，クルマの広告に接触した場合，あなたはクルマの広告にどのような印象をもつだろうか。同様に，カジュアルなファッションブランドの広告を視聴した後に，同じクルマの広告に接触した場合は，どのような印象をもつだろうか。このような場合に，同じクルマの広告だったとしても，それを見る直前に視聴した広告によって，異なった印象をクルマの広告に対して形成することが知られている。以下では，それぞれのプライミング効果について詳述する。

図5.1　第5章の構成：製品拡張におけるコンテクスト効果

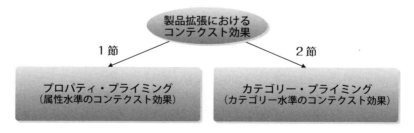

1 プロパティ・プライミング

「プロパティ・プライミング (property priming)」とは，言語心理学 (psycholinguistics) の分野において体系化されたコンテクスト効果の一種であり，マーケティング研究でも多くの先行研究が蓄積されている (Herr 1989; Herr, Sherman and Fazio 1983; Kim and Meyers-Levy 2008; Lee and Suk 2010; Lehmann and Pan 1994; Lynch, Chakravarti and Mitra 1991; Meyers-Levy and Sternthal 1993; Nam and Sternthal 2008; Stapel, Koomen and Velthuijsen 1998; Yi 1993)。プロパティ・プライミングとは，言語上の品詞間の係り受け関係に注目して，一方の品詞に内在するプロパティ（特性）が他方の品詞に内在するプロパティに影響を与えるプライミング効果である。つまり，製品の属性水準におけるプライミング効果である。たとえば，ペンシル・ペン (pencil pen) は，ペンシル (pencil) とペン (pen) が1つの製品に組み込まれたものとして解釈できる。ここで係り受け関係を捉えてみると，ペンに対してペンシルが修飾していることがわかる。このような係り受け関係が，言語心理学の分野では網羅的に検証されてきている (Estes 2003; Wisniewski and Love 1998)。

マーケティング研究においても，昨今プロパティ・プライミングを取り扱った研究事例が増えてきている。たとえば，Gill and Dubé (2007) では，新製品に対する消費者の認知に関する研究の中で，機能的な側面がプロパティとしてプライミングされる場合と，機能的でない側面がプロパティとしてプライミングされる場合では修飾関係は異なり，前者のほうが，よりハイブリッドな製品 (hybridization) として認知され，より多くの認知努力を消費者に要求することを明らかにしている。さらに，階層的認知構造を仮定し，基礎レベルにある複数のカテゴリーを1つの製品に集約させたハイブリッド製品に対して，そのカテゴリー間の関係性が上位レベルのカテ

ゴリーにおいても同じカテゴリーであれば、プロパティ・プライミングが促進されることを明らかにしている。

また Rajagopal and Burnkrant (2009) では、消費者はプロパティ・プライミングによって、ハイブリッド製品に組み込まれた双方のカテゴリーにある属性を、サブカテゴリー化することを明らかにしている。さらに、ハイブリッド製品に組み込まれた製品カテゴリー間の認知的アクセスを容易にすることでプロパティ・プライミングの効果が向上し、マルチプルカテゴリー信念の駆動を促進させることを明らかにしている。そして、プロパティ・プライミングの効果は、関連する製品カテゴリー知識の水準によって異なることも明らかにしている。

マーケティング研究におけるプロパティ・プライミングを捉える際には、言語心理学とは異なり、カテゴリーレベルの議論が中心である。そのため、係り受け関係にあるそれぞれのカテゴリーを頭部カテゴリー (header category) と修飾カテゴリー (modifier category) という。頭部カテゴリーとは、被修飾カテゴリーのことであり、基本的には第2番目のカテゴリーラベルのことである。反対に、修飾カテゴリーとは、頭部カテゴリーを修飾するカテゴリーのことであり、基本的には第1番目のカテゴリーラベルのことである。つまり、「MP3プレーヤー付きボイスレコーダー」であれば、頭部カテゴリーは「ボイスレコーダー」であり、修飾カテゴリーは「MP3プレーヤー」となる。反対に、ボイスレコーダー付きMP3プレーヤーは、頭部カテゴリーがMP3プレーヤーであり、修飾カテゴリーがボイスレコーダーとなる。カテゴリー間の係り受け関係が異なれば、たとえ同じハイブリッド製品であったとしても、プロパティ・プライミングが及ぼす影響は異なる (Rajagopal and Burnkrant 2009)。

このようにプロパティ・プライミングは、マーケティング研究においても、昨今ますます注目を浴びているコンテクスト効果の1つである。本書においても、消費者行動研究の成果をマーケティングに応用するための1つのアプローチとして、プロパティ・プライミングに注目する。

2　カテゴリー・プライミング

「カテゴリー・プライミング (category priming)」は，マーケティング研究では，コンテクスト・プライミング (contextual priming) として多くの先行研究が蓄積されている (Kim and Meyers-Levy 2008; Lehmann and Pan 1994; Meyers-Levy and Sternthal 1993; Nam and Sternthal 2008; Yi 1993)。カテゴリー・プライミングとは，何かしらのカテゴリーに関するコンテクスト情報によって能動化したカテゴリースキーマが，そのまま後続刺激となる対象を評価する際のカテゴリースキーマとして用いられるプライミング効果のことである。つまり，カテゴリー・プライミングとは，製品のカテゴリー水準におけるプライミング効果である。カテゴリー・プライミングが及ぼす影響は，同化－対比理論に基づいて3つに類型化されている（図5.2）。以下では，その3タイプについて先行研究レビューを行う。

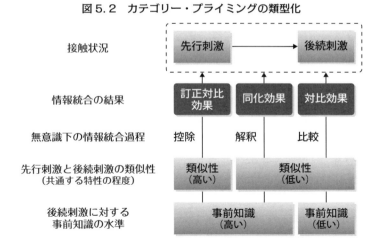

図5.2　カテゴリー・プライミングの類型化

第5章　製品拡張におけるコンテクスト効果

第1のカテゴリー・プライミングは,「同化効果(assimilation effect)」である。同化効果とは,消費者の無意識下の情報統合過程[1]が解釈(interpretation)であるときに生ずる(Stapel and Koomen 2001)。解釈とは,先行刺激と後続刺激に共通する特性[2]が多ければ,消費者は後続刺激を先行刺激と同様のカテゴリーメンバーと認識し,後続刺激を評価するための参考(解釈対象)として先行刺激を用いる情報統合過程のことである(Schwarz and Bless 1992)。

　たとえば,本章の冒頭で述べたTVCMに対する消費者の接触状況を考えた場合,高級なファッションブランドの広告を視聴した後に,クルマの広告に接触することで,2つのTVCMの間に共通の特性(たとえば,製品の機能や便益,広告のクリエイティブ表現など)が多ければ,高級ファッションブランドと同様のカテゴリーメンバーと認識し,「高級である」ことがクルマの広告に対しても評価として与えられるのである。反対に,カジュアルなファッションブランドの広告を視聴したのであれば,同じクルマの広告であっても「カジュアルである」ことが評価として与えられるのである。

---

1) 情報統合(information integration)過程とは,複数個の情報源から1つの意味的まとまりを生成する情報処理過程の一種である。このような情報処理過程については,社会心理学における印象形成モデル(models of impression formation)などがよく知られている(Asch 1946)。印象形成モデルとは,未知の人物に関する複数個の情報(例:性別や職業など)から,その人物のパーソナリティを形成する過程を明らかにすることを研究の主眼としている。

2) プライミング効果は,消費者の無意識下の情報統合過程に対して影響を及ぼすことが明らかにされている。それゆえ,消費者の無意識下を観察することは難しいため,プライミング効果のメカニズムについては,一定の収束した見解がない(Meyers-Levy and Sternthal 1993)。そこで,本書では,*Journal of Consumer Research*に掲載されているプライミング効果に関する近年の先行研究の見解(prevailing theory)に依拠して,先行刺激と後続刺激に共通する特性の程度(the extent of feature overlap)に注目する(Herr 1989; Martin 1986; Martin, Seta and Crelia 1990)。

ただし，同化効果は，後続刺激に対して，消費者が十分に事前知識を有している場合にのみ生ずる（Meyers-Levy and Sternthal 1993; Stapel, Koomen and Velthuijsen 1998）。なぜならば，後続刺激に対して十分に事前知識を有している消費者（expert）だからこそ，先行刺激に対して共通する後続刺激の特性を多く保持しているからである。つまり，後続刺激に対して，消費者が十分に事前知識を有していなければ，このような情報統合過程は生じないのである（Roehm and Sternthal 2001）。

　第2のカテゴリー・プライミングは，「対比効果（contrast effect）」である。対比効果とは，消費者の無意識下の情報統合過程が比較（comparison）であるときに生ずる（Stapel and Koomen 2001）。比較とは，先行刺激と後続刺激に共通する特性が少なければ，消費者は先行刺激と後続刺激を同様のカテゴリーメンバーとして認識することができないので，後続刺激を評価するための基準（比較対象）として先行刺激を用いてしまう情報統合過程のことである（Schwarz and Bless 1992）。

　先ほどと同様に，TVCMに対する消費者の接触状況を考えた場合，高級なファッションブランドの広告を視聴した後に，クルマの広告に接触することで，2つのTVCMの間に共通の特性が少なければ，高級ファッションブランドと同様のカテゴリーメンバーとして認識することが難しいので，「高級である」ことがクルマの広告を評価する際の基準となってしまう。そして，クルマの広告は，高級ファッションブランドと比較して，相対的に「高級ではない（≒カジュアルである）」ことが評価として与えられるのである。反対に，カジュアルなファッションブランドの広告を視聴したのであれば，同じクルマの広告であっても「高級である（≒カジュアルではない）」ことが評価として与えられるのである。

　ただし，対比効果は，後続刺激に対して，消費者が十分に事前知識を有していない場合にのみ生ずる（Hutchinson 1983）。なぜならば，後続刺激に対して十分に事前知識を有していない消費者（novice）は，先行刺激に対して共通する後続刺激の特性をあまり保持していないからである。つまり，

後続刺激に対して，消費者が十分に事前知識を有していれば，このような情報統合過程は生じないのである（Mussweiler 2003）。

そして，第3のカテゴリー・プライミングは，「訂正対比（correction contrast）」効果である。訂正対比効果とは，消費者の無意識下の情報統合過程が控除（subtract）であるときに生ずる（Nam and Sternthal 2008）。控除とは，先行刺激と後続刺激に共通する特性が多ければ，消費者は後続刺激に対する評価を先行刺激と同様のカテゴリーメンバーとして評価するのだが，先行刺激と後続刺激の間にあまりにも類似した関係性が知覚されてしまうと，後続刺激に対する評価に先行刺激が影響していることに気づき，その影響を取り除こうとした結果，後続刺激に対する評価を過度に低く見積もってしまう情報統合過程のことである（Martin 1986; Moskowitz and Skurnik 1999）。

再び，先述したTVCMに対する消費者の接触状況を考えた場合，高級なファッションブランドの広告を視聴した後に，クルマの広告に接触することで，2つのTVCMの間に共通の特性が多ければ，「高級である」ことがクルマの広告に対しても評価として与えられる。反対に，カジュアルなファッションブランドの広告を視聴したのであれば，同じクルマの広告であっても「カジュアルである」ことが評価として与えられる。しかし，あまりにも双方の広告に類似した点があることを消費者が知覚してしまえば，クルマの広告に対する評価にファッションブランドの広告の影響が及んでいることに消費者は気づいてしまう。そして，その影響を取り除こうと，消費者はクルマの広告に対する評価を過度に低く見積もってしまうのである。それゆえに，同じクルマの広告であっても「全く高級ではない」と評価されてしまうのである。反対に，カジュアルなファッションブランドの広告を視聴した場合は，同じクルマの広告であっても「全くカジュアルではない」と評価されてしまうのである。

ただし，訂正対比効果は，後続刺激に対して，消費者が十分に事前知識を有している場合にのみ生ずる（Nam and Sternthal 2008）。なぜならば，ま

ずは解釈による情報統合によって同化効果を生じさせるためにも，先行刺激に対して共通する後続刺激の特性を多く保持していなければならないからである。つまり，後続刺激に対して，消費者が十分に事前知識を有していなければ，このような情報統合は生じないのである (Roehm and Sternthal 2001)。

3 まとめ
▶ 消費者個人の異質性とコンテクスト効果

　本章では，第2章と第3章の先行研究レビューから明らかになった消費者知識と情報処理モードの関係から，消費者個人の異質性を効果的に用いる消費者行動研究の成果として，プロパティ・プライミングとカテゴリー・プライミングという2つのコンテクスト効果に焦点を当ててきた。そして，製品の属性水準とカテゴリー水準という2つの側面から，消費者知識と情報処理モードの異質性を効果的にマーケティング戦略に応用できる可能性を示した。

　プロパティ・プライミングについては，消費者の情報処理モードの異質性に対して，マーケターが消費者の情報処理モードを操作可能とする属性情報による戦略的コミュニケーションを見込むことができる。カテゴリー・プライミングについては，消費者知識の異質性に対して，マーケターが消費者の事前知識を効果的に用いるカテゴリー情報による戦略的コミュニケーションを見込むことができる。ここでは，双方のプライミング効果に対してマーケティング・コミュニケーションへの適用可能性を示唆しているが，これらはあくまでも消費者行動研究の成果をマーケティングに応用できる一事例にすぎない。

　次章では，これまでの先行研究レビューに基づいて，消費者の情報処理モードの異質性，消費者知識の異質性，そしてコンテクスト効果に関する仮説を構築していく。

第Ⅲ部

仮説

第6章

仮説の構築

はじめに

本章では，後述する5つの実証研究に対して，それぞれに対応した仮説を設定する。ただし，それぞれの実証研究に対して独立に仮説を構築するのではなく，消費者行動研究の成果をマーケティングに応用することを目指した体系的な仮説を構成している（図6.1）。

第1節から第3節までは，消費者情報処理モデルを中心とした消費者行動研究の成果をマーケティングに応用することを目的に，まず消費者の情報処理モードを明らかにするための仮説が設定されている。第1節では，適度に不一致な拡張製品に対する消費者の情報処理モードに焦点を当て，拡張製品に対する消費者の情報処理モードは，階層的認知構造においてカテゴリーベース処理とピースミール・モードによる2段階の情報処理モードが駆動することを仮説として設定している。それに対して第2節と第3節では，カテゴリー不確実な拡張製品に対する消費者の情報処理モードに

図6.1　第6章の構成：仮説群間の関係性

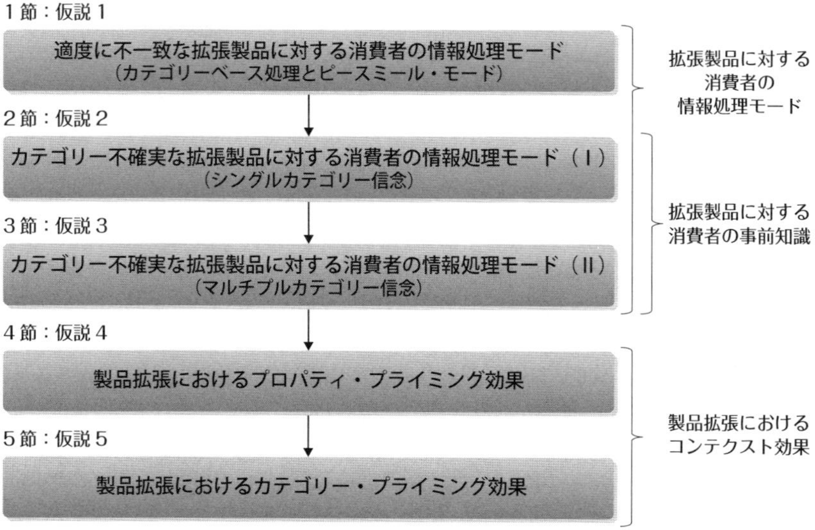

1節：仮説1
適度に不一致な拡張製品に対する消費者の情報処理モード
（カテゴリーベース処理とピースミール・モード）
　　　　　　　　　　　　　　　　　　　　　　　拡張製品に対する
　　　　　　　　　　　　　　　　　　　　　　　消費者の
　　　　　　　　　　　　　　　　　　　　　　　情報処理モード

2節：仮説2
カテゴリー不確実な拡張製品に対する消費者の情報処理モード（Ⅰ）
（シングルカテゴリー信念）
　　　　　　　　　　　　　　　　　　　　　　　拡張製品に対する
　　　　　　　　　　　　　　　　　　　　　　　消費者の事前知識

3節：仮説3
カテゴリー不確実な拡張製品に対する消費者の情報処理モード（Ⅱ）
（マルチプルカテゴリー信念）

4節：仮説4
製品拡張におけるプロパティ・プライミング効果
　　　　　　　　　　　　　　　　　　　　　　　製品拡張における
　　　　　　　　　　　　　　　　　　　　　　　コンテクスト効果

5節：仮説5
製品拡張におけるカテゴリー・プライミング効果

焦点を当て，第1節で示された仮説を前提に，カテゴリー不確実な拡張製品に対する消費者の情報処理モードに関する仮説を設定している。とくに第2節と第3節では，消費者知識の異質性を考慮した情報処理モードを明らかにすることも仮説の焦点となっている。

そして，第4節と第5節では，消費者知識と情報処理モードの異質性を効果的に利用する手段として，2つのコンテクスト効果に関する仮説が設定されている。第4節では，とくに第2節と第3節において設定されたカテゴリー不確実な拡張製品に対する消費者の情報処理モードの異質性を利用した，プロパティ・プライミングによる消費者の情報処理モードの操作化に関する仮説が設定されている。最後に，第5節では，消費者知識の異質性を利用した，同化－対比理論に基づくカテゴリー・プライミングによる消費者の心理的価格判断の操作化に関する仮説を設定している。

1 適度に不一致な拡張製品に対する消費者の情報処理モード

これまでの消費者情報処理モデルでは，拡張製品に対する消費者の情報処理モードは，カテゴリーベース処理による知識転移を前提とした先行研究がほとんどであった。しかし，既存製品に対して新しく拡張された付加価値が製品設計に包含された新製品に対して，既存製品の事前知識がそのままカテゴリーベース処理によって知識転移されてしまっては，拡張された付加価値に対する消費者の情報処理は，研究の焦点からは無視されてしまうことになる。

また，カテゴリーベース処理による知識転移に成功すれば，拡張された新製品に対する消費者評価は好ましい結果となることが前提とされていた。なぜならば，既存製品に関する消費者の事前知識は，すべて好ましい側面のみに研究の焦点が当てられていたからである。しかし，既存製品に関す

る事前知識がカテゴリーベース処理によって知識転移されたことが，拡張された新製品に対する消費者評価を規定するのであれば，既存製品に対して好ましくない評価を下している消費者は，拡張された新製品に対しても好ましくない評価を下してしまうことになる。一方で，拡張製品は，マーケティング競争上，既存製品に対する好ましくない消費者評価，または競合に対して相対的に低い消費者評価を改善するために上市される場合が多いはずである。

　そこで考えられる消費者の情報処理モードが，適度な不一致である。第4章で述べたように，適度な不一致とは，既存製品に対するスキーマと拡張された付加価値を包含する新製品のほとんどの部分が一致し，カテゴリーベース処理が駆動するが，一部の不一致な部分については，ピースミール・モードが駆動し，新製品に対して消費者は認知的精緻化を促進させ，結果として，新製品に対する消費者評価は好ましいものになることが明らかにされている（Meyers-Levy and Tybout 1989; Ozanne, Brucks and Grewal 1992）。つまり，既存製品に対して適度に不一致な拡張製品であれば，消費者は新製品に対して認知的精緻化を促進させているし，その結果として，消費者評価も好ましいものとなっているはずである。

　ここで，適度に不一致な拡張製品に対する消費者の情報処理モードを明らかにするために，事前に規定しておかなければならないことが2つある。1つは，新製品に対する消費者の認知的精緻化をどのように規定するかということである。適度に不一致な対象に対する消費者の情報処理モードは，既存の対象に関する能動化されたスキーマに対して完全に不一致な部分のみが，ピースミール・モードによって断片的かつ分析的に情報処理されることで，認知努力が必要最小限にとどめられ，対象への認知的なアクセスが容易になり，情報処理が迅速に実行される。さらに，ピースミール・モードによる断片的かつ分析的な情報処理がなされるため，カテゴリーベース処理による情報処理よりも，認知的な精緻化がさらに促進されるはずである。このことを，Meyers-Levy and Tybout（1989）のように階層的認知

構造を仮定した場合，適度に不一致な拡張製品に対する消費者の情報処理モードは，まずは対象を認知するためにスキーマとして能動化される基礎レベルにおいて，新製品と能動化されたスキーマの間で，完全に一致する部分がカテゴリーベース処理によって知識転移される。そして，完全に不一致だった部分については，能動化されたスキーマのもとで，その対象を情報処理しようとするため，1つ下位レベルにおいてピースミール・モードによって断片的かつ分析的に情報処理がなされ，認知的精緻化が促進された結果，新製品が能動化されたスキーマに基づいてサブカテゴリー化されるであろう。

> **仮説 1-1**
> 適度に不一致な拡張製品に対する消費者の情報処理モードは，階層的認知構造の基礎レベルでカテゴリーベース処理が駆動し，下位レベルでピースミール・モードによって認知的精緻化が促進され，サブカテゴリー化される。

もう1つは，適度に不一致な拡張製品に対する消費者の好ましい評価をどのように規定するかである。従来の先行研究では，そのほとんどが消費者態度の測定であった。適度に不一致な拡張製品によって全体的な消費者態度がどの程度改善したのかを考察することも重要であるが，消費者態度による考察だけでは，どのような側面が適度に不一致な製品拡張によって改善されたのかを十分に検討することができない。そこで，本書では，適度に不一致な拡張製品に対する消費者態度を評価指標とするが，どのような側面が適度に不一致な製品拡張によって改善され，結果的に全体的な消費者態度に好ましい影響を及ぼしているかを消費者選好構造によって明らかにする。適度に不一致な拡張製品に対して消費者態度が好ましければ，消費者選好構造における何かしらの側面がそれを規定していると考えられる。つまり，ある側面における消費者選好構造においては，適度に不一致

な拡張製品は，競合製品からは乖離した好ましいところにポジショニングされるであろう。

> **仮説1-2**
> 　適度に不一致な拡張製品は，消費者選好構造において，より競合から乖離した好ましいところにポジショニングされる。

2　カテゴリー不確実な拡張製品に対する消費者の情報処理モード（Ⅰ）

▶ シングルカテゴリー信念

　次に，カテゴリー不確実性における消費者の情報処理モードについての仮説を設定する。カテゴリー不確実性に関しては，消費者行動研究において2000年代中盤頃より盛んに議論されるようになってきた。なぜならば，それまでは製品拡張による新製品に対する消費者の情報処理モードは，適度な不一致による理論的枠組みによって十分に説明を与えることができていたからである。しかし，先述したように製品開発アプローチがますます複雑化するに従い，適度な不一致による理論的枠組みでは十分に説明することができなくなってきたのである。第4章で議論したように，そこで登場した新たな理論的枠組みが，カテゴリー不確実性である。カテゴリー不確実性とは，新しい対象を認知する際に消費者が能動化させるカテゴリースキーマが，消費者間で一義的ではないということである。本節では，カテゴリー不確実な拡張製品に対して，シングルカテゴリー信念を仮定した消費者の情報処理モードについての仮説を設定する。

　シングルカテゴリー信念とは，第4章で述べたように，新しい対象を認知する際に能動化する可能性が考えられる複数のカテゴリースキーマのうち，消費者は自らの認知努力を最小限にとどめるために他の選択肢（カテゴリースキーマ）を無視して，単一のカテゴリースキーマによって，新しい

対象を認知しようとする消費者の情報処理モードのことである（Malt, Ross and Murphy 1995; Moreau, Markman and Lehmann 2001; Murphy and Ross 1994）。つまり，カテゴリー不確実な拡張製品に対するシングルカテゴリー信念は，消費者個人内において単一の製品カテゴリーで駆動するが，それは消費者個人間では，2つ以上の製品カテゴリーにおいてカテゴライゼーションされる（消費者間では一義的ではない）のである。

> **仮説 2-1**
> 　カテゴリー不確実な拡張製品に対する消費者の情報処理モードは，シングルカテゴリー信念が駆動することにより，階層的認知構造の基礎レベルで2つ以上の製品カテゴリースキーマが駆動する。

　カテゴリー不確実な拡張製品に対するシングルカテゴリー信念は，階層的認知構造の基礎レベルで能動化する。なぜならば，カテゴリー不確実な拡張製品に対するシングルカテゴリー信念とは，その製品を認知した際に最初に駆動するカテゴリースキーマのことだからである。つまり，消費者は，複数の選択肢のうち単一のカテゴリースキーマのみを階層的認知構造の基礎レベルで能動化させている状態であるため，下位レベルでは基礎レベルで無視されたカテゴリースキーマが能動化し，カテゴリー不確実な拡張製品がサブカテゴリー化される可能性が考えられる。

　Lajos, Katona, Chattopadhyay and Sarvary（2009）でも，カテゴリー不確実な拡張製品は，サブカテゴリー化されることを検証している。また，下位レベルにおけるカテゴリーメンバーの構成が異なることで，カテゴリー不確実な拡張製品に対するサブカテゴリー化にも影響を与えることを明らかにしている。

> **仮説 2-2**
> 　カテゴリー不確実な拡張製品に対する消費者の情報処理モードは，シングルカテゴリー信念が駆動することにより，階層的認知構造の下位レベルでサブカテゴリー化される。

3 カテゴリー不確実な拡張製品に対する消費者の情報処理モード（Ⅱ）

▶ マルチプルカテゴリー信念

　前節では，カテゴリー不確実な拡張製品に対する消費者の情報処理モードとして，シングルカテゴリー信念の駆動について仮説を設定した。しかし，すべての消費者が，カテゴリー不確実な拡張製品に対してシングルカテゴリー信念を駆動させているとは考えにくい。そこで，シングルカテゴリー信念に対峙する情報処理モードとして，マルチプルカテゴリー信念による消費者の存在が考えられる（Hayes and Newell 2009; Malt, Ross and Murphy 1995; Murphy and Ross 1999; Ross and Murphy 1996）。第3章で述べたように，マルチプルカテゴリー信念とは，カテゴリー不確実な拡張製品に対して，消費者個人内で単一のカテゴリースキーマが駆動するのではなく，潜在的に考えられる複数のカテゴリースキーマを同時に駆動させる情報処理モードのことである（Murphy and Ross 1994）[1]。しかし，このようなマルチプルカテゴリー信念による消費者の情報処理モードは，これまでの先行研究において，さまざまな実験計画デザインにおいて何かしらの意図的な刺激を与えることによって駆動することが検証されている。なぜならば，先述したように，消費者は自らの認知努力を最小限にとどめるために，

---

[1] ここで注意してほしいのは，マルチプルカテゴリー信念を駆動させる消費者の情報処理モードは，2つ以上のカテゴリースキーマを選択カテゴリー（alternative category）として採用し，最終的に1つのカテゴリースキーマを選択する情報処理モードだということである。

潜在的に考えられる他の選択肢（カテゴリースキーマ）を無視して，単一のカテゴリースキーマによって新しい対象を認知することが経験的に検証されてきたため，自然な認知状態でのマルチプルカテゴリー信念そのものが検証されてこなかったのである。

そこで，本節では，より現実的なマーケティングの文脈で消費者の情報処理モードを明らかにするために，消費者に意図的な刺激を与えることなく，カテゴリー不確実な拡張製品に対するマルチプルカテゴリー信念の駆動を消費者個人レベルで明らかにしていく。

マルチプルカテゴリー信念とは，カテゴリー不確実な拡張製品に対して2つ以上のカテゴリースキーマを駆動させる消費者の情報処理モードであるため，シングルカテゴリー信念と比較して，より多くの製品カテゴリーを考慮しているということは自明である。このような消費者の情報処理モードは，より多くの認知努力を必要とする。そのため，マルチプルカテゴリー信念を駆動させる消費者は，シングルカテゴリー信念を駆動させる消費者よりも認知欲求（need for cognition）の水準が高いと考えられる。認知欲求とは，消費者個人の認知的特性であり，努力を要する認知活動に従事したり，それを楽しんだりする消費者の内発的な傾向を捉える概念である（Cacioppo and Petty 1982; Cacioppo, Petty and Morris 1983; Petty and Cacioppo 1986）。以上より，マルチプルカテゴリー信念を駆動させる消費者は，シングルカテゴリー信念を駆動させる消費者よりも認知欲求の水準が高い傾向があることを仮説とする。

> **仮説3-1**
> マルチプルカテゴリー信念を駆動させる消費者は，シングルカテゴリー信念を駆動させる消費者よりも認知欲求の水準が高い。

マルチプルカテゴリー信念は，シングルカテゴリー信念を駆動させる場合と比較して，多くの認知努力を必要とするため，認知欲求の水準が高く

なければならない。そのため，マルチプルカテゴリー信念を駆動させる消費者は，カテゴリー不確実な拡張製品に対して認知的精緻化を促進させる可能性がある。つまり，マルチプルカテゴリー信念によって選択された基礎レベルで能動化するカテゴリースキーマに対して，下位レベルでは，能動化されなかった他のカテゴリースキーマが採用され，消費者は，カテゴリー不確実な拡張製品をサブカテゴリー化する可能性が考えられる。

> **仮説 3-2**
> マルチプルカテゴリー信念を駆動させる消費者は，シングルカテゴリー信念を駆動させる消費者よりも，カテゴリー不確実な拡張製品を，よりサブカテゴリー化している。

4 製品拡張における プロパティ・プライミング効果

　本節では，とくに消費者情報処理モデルを中心とした消費者行動研究の成果をマーケティングへ応用することを目的として，プロパティ・プライミング効果に関する仮説を設定する。プロパティ・プライミングは，カテゴリー不確実な拡張製品に対する消費者の情報処理モードの操作化に有効である。第5章で述べたように，Rajagopal and Burnkrant (2009) では，プロパティ・プライミングによって，カテゴリー不確実な拡張製品に包含された複数の製品カテゴリーの属性が，消費者にサブカテゴリー化されることを明らかにしている。さらに，カテゴリー不確実な拡張製品に包含された複数の製品カテゴリー間の認知的なアクセスを容易にすることで，プロパティ・プライミングの効果を向上させ，マルチプルカテゴリー信念の駆動を促進させることを明らかにしている。以上より，本書では，プロパティ・プライミングが適用された認知状況下では，マルチプルカテゴリー信

念が駆動するため，そうではない認知状況下よりも，カテゴリー不確実な拡張製品に対して認知的精緻化が促進されていることを検証する。

> **仮説 4-1**
> 　プロパティ・プライミングに接触した消費者は，接触していない消費者よりも，カテゴリー不確実な拡張製品に対して，よりマルチプルカテゴリー信念を駆動させている。

> **仮説 4-2**
> 　プロパティ・プライミングに接触した消費者は，接触していない消費者よりも，カテゴリー不確実な拡張製品に対して，より認知的精緻化を促進させている。

　さらに，マルチプルカテゴリー信念を駆動させている消費者は，認知的精緻化を促進させ，カテゴリー不確実な拡張製品をサブカテゴリー化している可能性があることを前節にて詳述した。そこで，プロパティ・プライミングが適用された認知状況下では，マルチプルカテゴリー信念が駆動することが考えられるため，そうではない認知状況下よりも，カテゴリー不確実な拡張製品をサブカテゴリー化していることを検証する。

> **仮説 4-3**
> 　プロパティ・プライミングに接触した消費者は，接触していない消費者よりも，カテゴリー不確実な拡張製品を，よりサブカテゴリー化している。

　最後に，プロパティ・プライミングによって，消費者はマルチプルカテゴリー信念を駆動させながらも，階層的認知構造の基礎レベルにおいて，頭部カテゴリーに関するスキーマを駆動させることが明らかになっている。

本書でも，改めてこの仮説を検証する。

> **仮説4-4**
> プロパティ・プライミングに接触した消費者は，接触していない消費者よりも，階層的認知構造の基礎レベルにおいて，より頭部カテゴリーに関するスキーマを駆動させる。

5 製品拡張におけるカテゴリー・プライミング効果

　前節では，プロパティ・プライミングによって消費者の情報処理モードをマルチプルカテゴリー信念へと変換し，カテゴリー不確実な拡張製品に対する消費者のカテゴライゼーションを頭部カテゴリーへと収束させることを仮説として設定した。本節では，消費者の情報処理モードの異質性ではなく，消費者知識の異質性に注目したカテゴリー・プライミングについて仮説を設定する。とくに，ここでは当該製品に対する消費者の内的参照価格（internal reference price）をカテゴリー・プライミングによって操作化し，当該製品に対する消費者の支払意向額（willingness to pay）を操作することを目的とした仮説を設定する。

　第4章で述べたように，プライミング効果とは，先行刺激への接触が，後続刺激に対する評価に何らかの影響を及ぼす現象のことである。本書では，後続刺激よりも先行刺激に対する消費者の内的参照価格が高い製品カテゴリーへの接触状況を仮定する。その場合，首尾よく後続刺激にプライミング効果の影響が及ぶのであれば，先行刺激への接触によって，同様のカテゴリーメンバーと評価された後続刺激の内的参照価格は，先行刺激に接触しない場合よりも高く形成されることが期待される。ゆえに，後続刺激に対する消費者の支払意向額も高く見積もられることが期待できる。

> **仮説 5-1**
>
> 　後続刺激よりも相対的に内的参照価格が高い先行刺激に接触した消費者は，そのような先行刺激に接触しなかったときよりも，後続刺激に対してより高い支払意向額を示す。

　しかし，カテゴリー・プライミングは，常に首尾よく効果的に作用するわけではない。第5章で述べたように，プライミング効果は，後続刺激に関する消費者の事前知識の水準によって，その効果が異なってくる。加えて，消費者の事前知識は，支払意向額に多様な影響を及ぼすことが，これまでの先行研究でも明らかにされている（Lichtenstein, Bloch and Black 1988; Rao and Monroe 1988; Rao and Sieben 1992）。

　また，後続刺激に関する事前知識が高い消費者ほど，解釈による先行刺激と後続刺激の情報統合過程が期待される。つまり，後続刺激に対して事前知識が高い消費者ほど，先行刺激と後続刺激に共通する特性が多くなるため，消費者は後続刺激を先行刺激と同様のカテゴリーメンバーとして評価することで，後続刺激の内的参照価格も，先行刺激に接触しない場合よりも高く形成されることが期待される。ゆえに，後続刺激に対する消費者の支払意向額も高く見積もられることが期待できる。いわゆる同化効果である。

> **仮説 5-2**
>
> 　後続刺激に関する事前知識が高い消費者は，後続刺激よりも相対的に内的参照価格が高い先行刺激に接触することで，そのような先行刺激に接触しなかったときと比べて，後続刺激に対してより高い支払意向額を示す。

　反対に，後続刺激に関する事前知識が低い消費者ほど，比較による先行

刺激と後続刺激の情報統合過程が期待される。つまり，後続刺激に対して事前知識が低い消費者ほど，先行刺激と後続刺激に共通する特性が少ないため，消費者は後続刺激を先行刺激と同様のカテゴリーメンバーとして評価することができないことから，相対的に高い内的参照価格を形成する先行刺激を後続刺激の評価基準としてしまい，後続刺激の内的参照価格は，先行刺激に接触しない場合よりも低く形成されることが期待される。ゆえに，後続刺激に対する消費者の支払意向額も低く見積もられることが期待できる。いわゆる対比効果である。

> **仮説 5-3**
>
> 　後続刺激に関する事前知識が低い消費者は，後続刺激よりも相対的に内的参照価格が高い先行刺激に接触することで，そのような先行刺激に接触しなかったときと比べて，後続刺激に対してより低い支払意向額を示す。

　後続刺激に関する消費者の事前知識が，プライミング効果を調整することに加えて，もう1つの重要な調整変数として，先行刺激と後続刺激のカテゴリー類似性についても検討する。

　第5章で述べたように，後続刺激に関する事前知識が高い消費者ほど，解釈による先行刺激と後続刺激の情報統合過程が期待される。しかし，先行刺激と後続刺激の類似性が高くなると，認知的なアクセス容易性（accessibility）が高まる。認知的なアクセス容易性とは，後続刺激を評価する際に，先行刺激を意識できる程度と考えればよい。つまり，後続刺激に関する事前知識が高い消費者ほど，先行刺激と後続刺激の類似性が高まれば，後続刺激は先行刺激と同様のカテゴリーメンバーとして評価していることに気づいてしまうということである。そのため，後続刺激に関する事前知識が高い消費者ほど，控除による先行刺激と後続刺激の情報統合過程が期待される。つまり，後続刺激に関する事前知識が高い消費者ほど，消費者

は後続刺激を先行刺激と同様のカテゴリーメンバーとして評価していることに気づき，後続刺激の内的参照価格を形成するにあたって，先行刺激の影響を取り除こうとし，先行刺激に接触しない場合よりも，内的参照価格を過度に低く形成することが期待される。ゆえに，後続刺激に対する消費者の支払意向額も過度に低く見積もられることが期待できる。いわゆる訂正対比効果である。

反対に，先行刺激と後続刺激の類似性が低い場合は，先行刺激への認知的なアクセスが容易ではないため，後続刺激に関する事前知識が高い消費者であっても，自らの後続刺激に対する内的参照価格の形成に，先行刺激が影響していることには気づかない。それゆえ，消費者は後続刺激を先行刺激と同様のカテゴリーメンバーとして評価することで，後続刺激の内的参照価格も，先行刺激に接触しない場合よりも高く形成されることが期待される。

> **仮説 5-4**
> 　後続刺激に関する事前知識が高い消費者は，先行刺激と後続刺激のカテゴリー類似性が高い場合，後続刺激よりも相対的に内的参照価格が高い先行刺激に接触することで，そのような先行刺激に接触しなかったときと比べて，後続刺激に対してより低い支払意向額を示す。

また，先行刺激と後続刺激の類似性が高い場合，後続刺激に関する事前知識が低い消費者ほど，同化効果を引き起こすことが期待される。なぜならば，後続刺激に関する事前知識が低くても，先行刺激と後続刺激の類似性が高いことから，先行刺激への認知的なアクセスが容易になることで，後続刺激を先行刺激と同様のカテゴリーメンバーとして評価する機会が生まれるからである。つまり，先行刺激と後続刺激の類似性が，先行刺激と後続刺激に共通する特性の少なさを補完するのである。

反対に，先行刺激と後続刺激の類似性が低い場合は，先行刺激への認知的なアクセスが容易ではなくなるため，後続刺激に対する評価に先行刺激の影響が及ぶ機会がなくなる。つまり，後続刺激に関する事前知識が低い消費者ほど，先行刺激と後続刺激に共通する特性が少ないため，消費者は後続刺激を先行刺激と同様のカテゴリーメンバーとして評価することができないことから，相対的に高い内的参照価格を形成する先行刺激を評価基準としてしまい，後続刺激の内的参照価格は，先行刺激に接触しない場合よりも低く形成されることが期待される。

> **仮説 5-5**
> 　後続刺激に関する事前知識が低い消費者は，先行刺激と後続刺激のカテゴリーの類似性が高い場合，後続刺激よりも相対的に内的参照価格が高い先行刺激に接触することで，そのような先行刺激に接触しなかったときと比べて，後続刺激に対してより高い支払意向額を示す。

　以上が，本書の仮説群となる。図6.1でも示しているが，仮説1は第7章に対応している。第7章では，これらの仮説を検証するために，適度に不一致な拡張製品に対して，消費者はカテゴリーベース処理とピースミール・モードの2段階の情報処理モードを駆動させることを階層ベイズモデルによって明らかにする（実証分析1）。

　仮説2は第8章に対応している。第8章では，カテゴリー不確実な拡張製品に対して，消費者はシングルカテゴリー信念を駆動させることを，新たなリサーチ・デザインの設計とモデリングによって明らかにする（実証分析2）。

　仮説3は第9章に対応している。第9章では，カテゴリー不確実な拡張製品に対して，マルチプルカテゴリー信念を駆動させる消費者が存在することを，新たなリサーチ・デザインの設計とモデリングによって明らかに

する（実証分析3）。

　仮説4は第10章に対応している。第10章では，第7～9章で明らかになった拡張製品に対する異質な消費者の情報処理モードを操作化する方法として，プロパティ・プライミングの有効性を実験計画デザインに基づく検証によって明らかにする（実証分析4）。

　仮説5は第11章に対応している。第11章では，第7～10章で明らかになった拡張製品に対する異質な消費者知識を効果的に活用する方法として，カテゴリー・プライミングの有効性を実験計画デザインに基づく検証によって明らかにする（実証分析5）。

第IV部

実証分析

第7章

適度に不一致な拡張製品に対する消費者の情報処理モード

カテゴリーベース処理とピースミール処理による消費者カテゴライゼーション

はじめに

本章では，拡張製品に対する消費者の情報処理モードを「適度な不一致」という視点から検討する。本章で明らかにすべきことは，2 つある。1 つは，階層的認知構造を仮定した場合，適度に不一致な拡張製品に対する消費者の情報処理モードは，基礎レベルでカテゴリーベース処理が駆動し，ピースミール・モードによるサブカテゴリー化によって認知的精緻化が促進されることである（仮説 1-1）。もう 1 つは，適度に不一致な拡張製品は，消費者選好構造において，より競合から乖離した好ましいところにポジショニングされるということである（仮説 1-2）。

1 リサーチ・デザイン

1.1 分析対象と調査対象者

分析対象は，制汗剤カテゴリーから 6 ブランド（8×4, 8×4 キレイ，newBan, Ag+, Rexena, SEA BREEZE）を選定した。調査対象者は，高校生・大学生・大学院生を中心に制汗剤スプレーの使用経験者 105 人（平均年齢：24.3 歳，女性：47 人，男性：58 人，うち有効回答者数：53 人）[1]，データは質問票調査によって収集した（2008 年 12 月実施）。調査対象者は，各ブランドのパッケージとコンセプトが掲載されている記事に接触した後に，各ブランド間で共通の属性 10 項目に対する評価（たとえば，「8×4」ブランド

---

[1] 有効回答者 53 人と非有効回答者 52 人の各設問項目における平均値の同質性に関する検定を行ったところ，全体の 95.7% の設問項目に，回答の同質性を確認することができた。以上より，より高い分析の精度を求めるためにも，回答の欠損に平均値などを補完するのではなく，むしろ有効回答者 53 人を標本として，分析を進めていくことのほうが望ましいと考えられる。

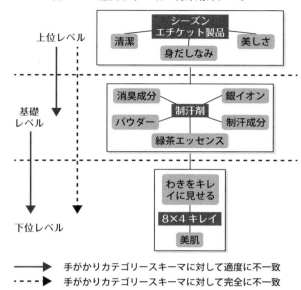

図 7.1　適度な不一致：制汗剤カテゴリー

にとって,「緑茶エッセンス」という属性が製品設計に包含されていることが, どの程度好ましいか, など) と購買意向を 5 点リッカート尺度によって回答している。

　本分析で注目すべき分析対象ブランドは,「8×4 Kirei」[2] (以下, 8×4 キレイ) である。8×4 キレイは, 8×4 ブランドから適度に不一致な製品拡張がなされた新製品だと考えられる。8×4 ブランドは, 制汗剤カテゴリーの中心的便益である「消臭効果」を緑茶エッセンスという成分 (属性) によって獲得できることを訴求している。それに対して 8×4 キレイは, 消臭効果などの中心的便益については二次的な訴求であり, むしろ「わきをキレイに見せる」「美肌」といった, これまでに制汗剤カテゴリーでは訴求されてこなかった新しい便益を訴求している。つまり, 親ブランドであり, 制

---

2)　8×4 キレイは 2010 年 9 月に製造・販売が終了している。

汗剤カテゴリーを代表する 8×4 ブランドによって形成されたスキーマによって 8×4 キレイが情報処理される場合，消臭成分などの完全に一致する認知要素が，基礎レベルにおいてカテゴリーベース処理される。そして，基礎レベルにおいて完全に不一致な認知要素だと考えられる，わきをキレイに見せる，美肌といった認知要素が，下位レベルにおいてピースミール処理され，8×4 キレイがサブカテゴリー化されることが考えられる（図 7.1）。

1.2 モデル

本分析では，基本モデルとして，ピースミール・モードのみが仮定された，多属性態度モデルによる各認知要素のパラメータ（属性重みベクトル）を，マルコフ連鎖モンテカルロ法（MCMC 法：Markov Chain Monte Carlo methods）によって推定する。それに対する拡張モデルとして，MCMC 法による階層ベイズモデルによって，2 段階の情報処理モードを仮定した，各認知要素のパラメータ推定を行う。

基本モデルとなる多属性態度モデルでは，消費者 i ($i=1, ..., 53$) のブランド j ($j=1, ..., 6$) に対する購買意向 y_{ij} は，ブランド j の切片項と認知要素（属性）k ($k=1, ..., 11$) に対する主観的属性評価 x_{ijk} を束ねたベクトル $x_{ij}=(x_{ij,1}, ..., x_{ij,11})'$ によって規定されると仮定する。またブランド間の異質性等は考慮しないピースミール・モードによる情報処理を仮定しているため，

$$y_{ij} = x'_{ij}\beta + \varepsilon_{ij}, \quad \varepsilon_{ij} \sim N(0, \sigma^2) \qquad (7.1)$$

という回帰方程式で定式化することができる。ここで $N(0, \sigma^2)$ は，平均 0，分散 σ^2 の正規分布である。

次に，MCMC 法による階層ベイズモデル（拡張モデル）を考える。下層モデルは，多属性態度モデルと同じく，消費者 i ($i=1, ..., 53$) のブランド j ($j=1, ..., 6$) に対する購買意向 y_{ij} は，ブランド j の切片項と認知要素（属性）k ($k=1, ..., 11$) に対する主観的属性評価 x_{ijk} を束ねたベクトル

$x_{ij}=(x_{ij,1}, ..., x_{ij,11})'$によって規定されると仮定し，

$$y_{ij} = x'_{ij}\beta_j + \varepsilon_{ij}, \quad \varepsilon_{ij} \sim N(0, \sigma_j^2) \tag{7.2}$$

という回帰方程式で定式化する。ただし，σ_j^2 はブランドごとに異なるように仮定する。つまり，消費者 i の認知要素 k（$k=1, ..., 11$）に対するパラメータ（属性重みベクトル）は，ブランド j ごとに異なることを仮定する。

よって，8×4キレイが適度に不一致な拡張製品であれば，その他の製品よりも，ピースミール・モードによる認知的精緻化が促進されているはずである。なぜならば，基礎レベルにおいて，カテゴリーベース処理されなかった認知要素を起点に，下位レベルにおいて，ピースミール・モードが駆動するからである。つまり，ブランドごとに異なる下層モデルのパラメータ推定においては，下位レベルにおける8×4キレイの際立った認知的精緻化（ピースミール・モードによる情報処理）の程度 β_j が推定されるはずである。

そこで，下層モデルのパラメータ β_j を規定する上層モデルには，制汗剤カテゴリーの認知要素に対する一般的な反応度 γ（カテゴリーベース処理）を仮定する。

$$\beta_j = \gamma + u_j, \quad u_j \sim N(0, \Lambda) \tag{7.3}$$

ここで，$N(0, \Lambda)$ は，平均 0，分散 Λ の多変量正規分布を示す。つまり，γ をハイパーパラメータとして設定することにより，基礎レベルにおいてカテゴリーベース処理される程度 γ を推定する[3]。つまり，下層モデルのブランド j の認知要素のパラメータ β_j は，基礎レベルでカテゴリーベース処理される程度 γ と，それ以外のブランド j に特有の確率的な反応度による u_j に相当する。すなわち，適度に不一致な拡張製品に対する消費者の情報処理モード β_j は，基礎レベルでカテゴリーベース処理される程度 γ

---

[3] 本章末の**付録B-2**（104頁）の γ の事後分布を参照。

に規定された，下位レベルにおけるピースミール・モードの程度として推定される。

以上の2つの式をまとめると，以下のようにモデルが定式化される。

$$\begin{cases} y_{ij} = x'_{ij}\beta_j + \varepsilon_{ij}, & \varepsilon_{ij} \sim N(0, \sigma_j^2) \\ \beta_j = \gamma + u_j, & u_j \sim N(0, \Lambda) \end{cases} \quad (7.4)$$

各パラメータのサンプリングは，MCMC法によるギブスサンプリング（gibbs sampling）を行っている。具体的なサンプリングの手順は，以下のとおりである。

[1]　　$\gamma | \Lambda, \beta_j$
[2]　　$\lambda_k | \gamma, \beta_j, \quad k = 1, ..., 11$
[3-1]　$\beta_j | \gamma, \Lambda, \sigma_j^2$
[3-2]　$\sigma_j^2 | \beta_j$

[1]と[2]は，上層のサンプリングである。[3-1]と[3-2]は，ブランドjごとにサンプリングを行う。事後分布の詳細は，本章末の付録（103頁）にて記載する。

MCMC法によるサンプリングは，1万1000回行った。ただし，はじめの1000回は初期値の影響がなくなるまでの稼働検査期間（burn-in period）として破棄し，その後の1万回をサンプルとして採取している。

2　分析結果

2.1　適度に不一致な拡張製品に対する消費者の情報処理モード

基本モデルで推定されたパラメータに有意なものはなかった（表7.1）。

**表 7.1　パラメータ β：制汗剤カテゴリーにおける
ピースミール・モード（基本モデル）**

β	事後平均	事後 SD	2.5% 点	Median	97.5% 点	Ratio	Geweke p
切片	−0.28	5.88	−13.11	−0.40	12.89	−0.05	0.51
緑茶エッセンス	0.09	2.26	−5.11	0.11	5.07	0.04	0.51
無香料	0.04	2.42	−5.19	0.02	5.37	0.02	0.51
パウダー	−0.12	2.77	−6.38	−0.07	5.96	−0.04	0.52
せっけんの香り	−0.03	2.53	−5.77	0.04	5.31	−0.01	0.51
制汗成分	0.02	2.89	−6.80	0.10	6.17	0.01	0.50
消臭パウダー	0.06	3.00	−6.74	0.07	6.90	0.02	0.50
さらさらパウダー	−0.10	1.89	−4.22	−0.11	4.07	−0.06	0.52
銀イオン	0.00	1.95	−4.34	0.03	4.16	0.00	0.51
柑橘系の香り	−0.04	2.36	−5.03	−0.11	5.50	−0.02	0.52
UV カット	0.03	1.06	−2.06	0.03	2.21	0.03	0.50

（注）　事後平均：サンプルの平均値，事後 SD：サンプルの標準偏差，2.5% 点：サンプルをソートしたときの 2.5% 点，Median：サンプルの中央値，97.5% 点：サンプルをソートしたときの 97.5% 点，Ratio：事後平均を事後 SD で除した値，Geweke p：サンプルの前半 10% と後半 50% で，パラメータの期待値が同じかどうかを仮説検定した値（Geweke 1992; 和合 2005）。

　制汗剤カテゴリーの認知要素に対する主観的属性評価が，全く消費者態度（購入意向）に影響を及ぼしていないということは，ピースミール・モードを仮定した情報処理だけでは，消費者態度を十分に規定することができないことを示す。

　次に，拡張モデルで推定されたブランド j（$j=1, ..., 6$）の認知要素 k（$k=1, ..., 11$）の事後分布を確認してみると，図 7.2 のようになった（図 7.2 は，8×4 の事後分布のサンプル・プロット）。ブランド j の認知要素 k の事後分布に関して，Geweke（1992）の収束判定法を用いて定常状態への収束を確認したところ，各変数とも 0.50～0.52 の値を示しており，いずれの変数も標本経路が定常状態にあることが確認できた（古谷 2008; Geweke 1992; 和合 2005）。ブランド j の認知要素 k の事後分布が定常状態であることから，拡張モデルの安定性を確認することができた。以上のように，拡

図 7.2 事後分布のサンプル・プロット（例：8×4 の認知要素 k）

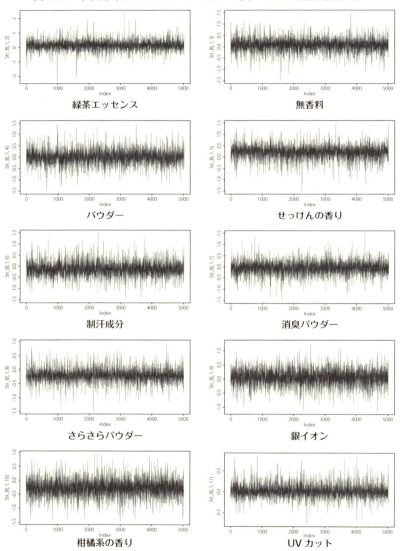

張モデルの推定結果を示したが，後述ではその結果について考察を行っていく。

表7.2は，階層的認知構造の下位レベルでブランド j の認知要素 k が，ピースミール・モードによって情報処理された程度（下層モデルで推定されたパラメータ）である。表7.2で示されている，適度に不一致な拡張製品である8×4キレイの「緑茶エッセンス」パラメータ（事後平均値）に注目していただきたい。緑茶エッセンスを訴求していた8×4のパラメータ（0.17, $p>.1$）よりも，適度に不一致な拡張製品である8×4キレイのパラメータ（0.42, $p<.01$）のほうが高い値を示している。さらに，8×4キレイの緑茶エッセンスは，他ブランドのすべての認知要素よりも高い値を示している。また，8×4キレイの緑茶エッセンスのみが，ピースミール・モードによって情報処理されたことで，消費者の購入意向 y_{ij} に好ましい影響を与えている。つまり，8×4キレイが，他のどのブランドよりも下位レベルにおいて，緑茶エッセンスがピースミール・モードによって情報処理されたということである（**仮説1-1の支持**）。このことは，8×4キレイが，制汗剤カテゴリースキーマにおいて，わきをキレイに見せる，美肌といった認知要素が，基礎レベルで完全に不一致だったことが要因であると推察できる。そのため，基礎レベルでカテゴリーベース処理されてしまう緑茶エッセンスが，下位レベルでピースミール・モードによって情報処理されたと考えられる。

本分析の推定結果から，下位レベルに向かう（subordinate）情報処理過程で，わきをキレイに見せる，美肌といった基礎レベルで完全に不一致だった認知要素が要因となって8×4キレイがサブカテゴリー化されることを促し，その結果，親ブランドである8×4の中核的な認知要素である緑茶エッセンスが，下位レベルでピースミール・モードによって情報処理されたと推測できる。すなわち，8×4キレイは親ブランド8×4の拡張製品（ライン拡張）であることを考慮すると，拡張された付加価値（わきをキレイに見せる，美肌）が，下位レベルで8×4キレイがサブカテゴリー化されたこ

表 7.2 パラメータ β：制汗剤カテゴリーにおける
ピースミール・モード（拡張モデル）

	β	事後平均	事後 SD	2.5%	Median	97.5%	Ratio	Geweke p
8×4	切片	−1.02	0.80	−2.66	−1.00	0.49	−1.28	0.50
	緑茶エッセンス	0.17	0.17	−0.17	0.17	0.50	0.97	0.51
	無香料	0.10	0.14	−0.18	0.10	0.38	0.72	0.51
	パウダー	−0.05	0.19	−0.42	−0.05	0.31	−0.27	0.51
	せっけんの香り	0.25	0.14	−0.02	0.25	0.53	1.84	0.51
	制汗成分	−0.06	0.18	−0.41	−0.06	0.29	−0.32	0.51
	消臭パウダー	0.13	0.17	−0.20	0.13	0.47	0.75	0.52
	さらさらパウダー	−0.22	0.10	−0.42	−0.22	−0.02	−2.14	0.51***
	銀イオン	0.08	0.16	−0.23	0.08	0.41	0.50	0.51
	柑橘系の香り	−0.02	0.14	−0.30	−0.02	0.25	−0.16	0.50
	UV カット	−0.01	0.06	−0.13	−0.01	0.12	−0.13	0.51
8×4 キレイ	切片	−0.47	0.65	−1.70	−0.48	0.83	−0.73	0.52
	緑茶エッセンス	0.42	0.20	0.02	0.42	0.82	2.11	0.51***
	無香料	−0.13	0.17	−0.46	−0.13	0.21	−0.75	0.50
	パウダー	−0.03	0.21	−0.46	−0.03	0.39	−0.15	0.50
	せっけんの香り	0.17	0.16	−0.14	0.17	0.49	1.06	0.51
	制汗成分	−0.14	0.19	−0.51	−0.14	0.24	−0.72	0.51
	消臭パウダー	0.18	0.25	−0.31	0.18	0.67	0.71	0.51
	さらさらパウダー	−0.11	0.13	−0.37	−0.11	0.15	−0.82	0.51
	銀イオン	−0.18	0.19	−0.56	−0.18	0.20	−0.95	0.52
	柑橘系の香り	−0.15	0.17	−0.49	−0.15	0.18	−0.91	0.50
	UV カット	0.15	0.07	0.01	0.15	0.28	2.12	0.51***
newBan	切片	−1.26	0.74	−2.76	−1.24	0.11	−1.72	0.50*
	緑茶エッセンス	−0.30	0.23	−0.75	−0.30	0.15	−1.34	0.50
	無香料	0.22	0.20	−0.17	0.22	0.61	1.09	0.50
	パウダー	−0.04	0.22	−0.47	−0.04	0.39	−0.17	0.51
	せっけんの香り	−0.14	0.16	−0.45	−0.14	0.17	−0.89	0.50
	制汗成分	0.16	0.24	−0.32	0.16	0.63	0.65	0.52
	消臭パウダー	0.11	0.21	−0.30	0.11	0.52	0.52	0.50
	さらさらパウダー	0.10	0.13	−0.15	0.10	0.36	0.77	0.51
	銀イオン	0.08	0.15	−0.22	0.08	0.37	0.53	0.50
	柑橘系の香り	0.00	0.15	−0.31	0.00	0.30	−0.01	0.50
	UV カット	0.12	0.06	0.00	0.12	0.25	1.94	0.50*

表 7.2 （続き）

	β	事後平均	事後SD	2.5%	Median	97.5%	Ratio	Geweke p
Ag+	切片	−0.91	0.86	−2.64	−0.90	0.74	−1.07	0.52
	緑茶エッセンス	0.35	0.22	−0.07	0.35	0.78	1.60	0.50
	無香料	0.08	0.19	−0.29	0.08	0.46	0.41	0.50
	パウダー	−0.11	0.21	−0.53	−0.11	0.31	−0.54	0.51
	せっけんの香り	0.03	0.20	−0.36	0.03	0.42	0.15	0.51
	制汗成分	−0.09	0.26	−0.60	−0.09	0.42	−0.35	0.51
	消臭パウダー	0.24	0.20	−0.15	0.24	0.63	1.22	0.52
	さらさらパウダー	−0.04	0.15	−0.33	−0.04	0.26	−0.27	0.52
	銀イオン	0.14	0.13	−0.11	0.14	0.39	1.07	0.52
	柑橘系の香り	−0.40	0.18	−0.75	−0.40	−0.06	−2.24	0.51***
	UVカット	−0.05	0.06	−0.16	−0.05	0.06	−0.96	0.51
SEA BREEZE	切片	−0.66	0.64	−1.90	−0.66	0.63	−1.02	0.52
	緑茶エッセンス	0.08	0.23	−0.36	0.08	0.53	0.36	0.51
	無香料	−0.05	0.15	−0.35	−0.05	0.25	−0.33	0.51
	パウダー	−0.13	0.17	−0.45	−0.13	0.20	−0.79	0.51
	せっけんの香り	−0.12	0.17	−0.46	−0.12	0.22	−0.68	0.51
	制汗成分	0.16	0.17	−0.17	0.16	0.49	0.97	0.51
	消臭パウダー	0.05	0.21	−0.36	0.05	0.47	0.25	0.51
	さらさらパウダー	−0.09	0.12	−0.32	−0.09	0.14	−0.76	0.51
	銀イオン	0.15	0.18	−0.20	0.15	0.49	0.84	0.51
	柑橘系の香り	0.07	0.13	−0.17	0.07	0.33	0.56	0.51
	UVカット	0.15	0.05	0.04	0.15	0.25	2.70	0.50***
Rexena	切片	−0.83	0.66	−2.17	−0.83	0.48	−1.26	0.52
	緑茶エッセンス	0.27	0.21	−0.13	0.27	0.68	1.32	0.50
	無香料	−0.04	0.15	−0.34	−0.04	0.27	−0.23	0.51
	パウダー	−0.02	0.17	−0.35	−0.02	0.30	−0.14	0.50
	せっけんの香り	−0.06	0.17	−0.39	−0.06	0.27	−0.34	0.52
	制汗成分	0.50	0.22	0.07	0.50	0.92	2.30	0.51***
	消臭パウダー	0.05	0.21	−0.37	0.05	0.47	0.24	0.50
	さらさらパウダー	−0.33	0.12	−0.56	−0.33	−0.10	−2.79	0.51***
	銀イオン	−0.08	0.21	−0.49	−0.08	0.34	−0.36	0.50
	柑橘系の香り	−0.19	0.18	−0.54	−0.18	0.16	−1.04	0.50
	UVカット	0.10	0.07	−0.02	0.10	0.23	1.59	0.51

（注）　事後平均：サンプルの平均値，事後SD：サンプルの標準偏差，2.5%点：サンプルをソートしたときの2.5%点，Median：サンプルの中央値，97.5%点：サンプルをソートしたときの97.5%点，Ratio：事後平均を事後SDで除した値，Geweke p：サンプルの前半10%と後半50%で，パラメータの期待値が同じかどうかを仮説検定した値（Geweke 1992; 和合 2005）。

表 7.3　ハイパーパラメータ γ：制汗剤カテゴリーにおけるカテゴリーベース処理

γ	事後平均	事後 SD	2.5%	Median	97.5%	Ratio	Geweke p
切片	−0.85	0.57	−1.99	−0.85	0.24	−1.51	0.52
緑茶エッセンス	0.17	0.27	−0.37	0.17	0.69	0.62	0.50
無香料	0.03	0.24	−0.43	0.03	0.50	0.14	0.52
パウダー	−0.06	0.24	−0.55	−0.06	0.42	−0.27	0.50
せっけんの香り	0.02	0.24	−0.45	0.02	0.50	0.09	0.51
制汗成分	0.09	0.27	−0.45	0.09	0.62	0.33	0.50
消臭パウダー	0.13	0.25	−0.36	0.12	0.61	0.52	0.50
さらさらパウダー	−0.11	0.24	−0.58	−0.11	0.36	−0.47	0.52
銀イオン	0.03	0.24	−0.45	0.03	0.50	0.12	0.50
柑橘系の香り	−0.11	0.24	−0.59	−0.11	0.36	−0.47	0.50
UV カット	0.07	0.21	−0.34	0.07	0.50	0.36	0.50

（注）　事後平均：サンプルの平均値，事後 SD：サンプルの標準偏差，2.5% 点：サンプルをソートしたときの 2.5% 点，Median：サンプルの中央値，97.5% 点：サンプルをソートしたときの 97.5% 点，Ratio：事後平均を事後 SD で除した値，Geweke p：サンプルの前半 10% と後半 50% で，パラメータの期待値が同じかどうかを仮説検定した値（Geweke 1992; 和合 2005）．

とを規定する認知要素になったのではなく，認知的精緻化を促した対象は，親ブランド（8×4）の中核的な認知要素（緑茶エッセンス）だったということである．

　以上より，消費者の 2 段階の情報処理モードを仮定した拡張モデルによって，階層的認知構造の基礎レベルで認知要素 k がどの程度カテゴリーベース処理されるのか（表 7.3），下位レベルでブランド j の認知要素 k が，どの程度ピースミール・モードによって情報処理されるのか（表 7.2），そして，適度に不一致な拡張製品は，どのような認知要素 k によって下位レベルでサブカテゴリー化されるのか，ということを明らかにした．

2.2　消費者選好構造における適度に不一致な拡張製品

　前項では，8×4 キレイは，適度に不一致な拡張製品（ライン拡張）であるがゆえに，親ブランド（8×4）の中核的な認知要素（緑茶エッセンス）によ

図 7.3　消費者選好構造：適度に不一致な拡張製品のポジショニング

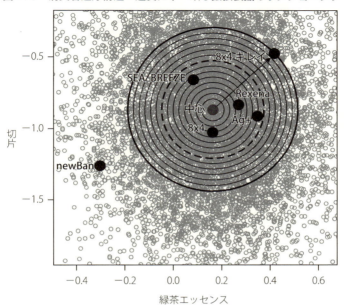

って，認知的精緻化が促され，サブカテゴリー化されていることが明らかになった。本項では，下位レベルで適度に不一致な拡張製品がサブカテゴリー化されたことで，結果的に全体的な消費者態度に好ましい影響を及ぼしているかを消費者選好構造によって明らかにする。

そこで，前項の分析結果を用いて，適度に不一致な拡張製品である 8×4 キレイが，消費者選好構造で好ましいポジショニングを獲得しているのかどうかを確認するため，認知要素 k の事後分布を 2 次元にマッピングすることを試みた。図 7.3 は，8×4 キレイがサブカテゴリー化されるポイントとなった緑茶エッセンスの事後分布を用いている。縦軸には解釈の混乱を避けるために，その他の具体的な認知要素 k 以外の影響が包含された，切片項の事後分布を用いている。

図 7.3 に示すように，既存ブランド（8×4, Ag+, Rexena, SEA BREEZE）

図7.4 消費者選好構造：適度に不一致な拡張製品のポジショニング（拡大図）

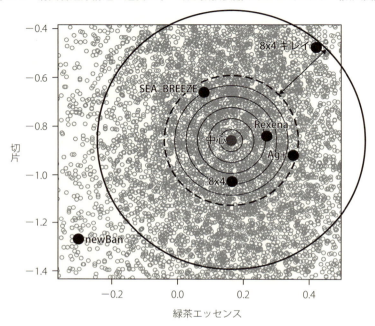

が規定していた市場の境界線（太破線）の外延に8×4キレイが位置づけられており，市場の境界線が拡張されている（最も外側の太実線）とともに，8×4キレイが競合とは乖離したより好ましいところ（右上）にポジショニングされていることが明らかになった（**仮説1-2の支持**）。つまり，適度に不一致な拡張製品である8×4キレイは，親ブランド（8×4）の中核的な認知要素（緑茶エッセンス）によって，認知的精緻化が促され，サブカテゴリー化されたということが，消費者選好構造では市場の境界線が拡張されたという視点で考察することができるのである。

　図7.4は，市場境界線の拡張を拡大して図示したものである。図7.4の右上にある両側矢印は，適度に不一致な拡張製品に対する消費者の情報処理モードが，市場境界線の拡張に与えたインパクトの大きさを楕円間の半

径の差で示している。つまり，適度に不一致な拡張製品が，認知的精緻化された程度であり，サブカテゴリー化された程度に相当する。

3 まとめ
▶ 実証分析1の貢献と今後の課題

　本章では，適度に不一致な拡張製品に対する消費者の情報処理モードは，階層的認知構造における基礎レベルでカテゴリーベース処理が駆動し，ピースミール・モードによるサブカテゴリー化によって認知的精緻化が促進されることを明らかにした（仮説1-1）。また，消費者選好構造においては，より競合から乖離した好ましいところにポジショニングされることを明らかにした（仮説1-2）。

　本章の貢献は，拡張製品に対する消費者の情報処理モードを「適度な不一致」という視点から検討し，階層的認知構造の基礎レベルにおいてカテゴリーベース処理がなされ，ピースミール・モードによって認知的精緻化が促進されることでサブカテゴリー化される2段階の情報処理モードを，MCMC法による階層ベイズモデルで定式化したことである。また，このような消費者の情報処理モードの結果を，消費者選好構造という視点から再検討したことも本章の貢献であろう。

　今後の研究課題としては，「適度な不一致」という概念の再検討が考えられる。本章では，分析対象ブランドの選定の段階で，既存ブランドに対して拡張された付加価値が包含されていたことから8×4キレイを適度に不一致な拡張製品とした。しかし，分析を進めていく中で明らかになったことだが，8×4キレイは親ブランド8×4のライン拡張であるため，拡張された付加価値（わきをキレイに見せる，美肌）が，消費者の認知的精緻化を促進させた直接の要因として規定されたのではなく，あくまでも媒介要因となって，結果的には親ブランドの中心的な認知要素（緑茶エッセンス）がサブカテゴリー化を規定することが明らかになった。このような考察にとど

まってしまった原因は,「適度な不一致」に対する検討が不十分だったからと考えられる。適度な不一致とは,どんな対象に対して,どんな側面が一致または不一致していることであるかを改めて検討する必要がある。

次章では,拡張製品に対する消費者の情報処理モードを「適度な不一致」から「カテゴリー不確実性」という視点に移して,消費者の新たな情報処理モードについて明らかにしていく。

付録　分析モデルの詳細

ここでは，本章で用いられたモデルの詳細を説明する。ここで，$N=53$，$J=6, K=11$ である。$Ga(a, b)$ は，パラメータ a, b のガンマ分布を示す。MCMC 法の詳細については，和合（2005）に詳しい。

A-1　基本モデルの事前分布

$$\beta \sim N(0, 100I_K)$$

$$\sigma^{-2} \sim Ga\left(\frac{K}{2}, \frac{K}{2}\right)$$

A-2　基本モデルの事後分布

$$\beta|\cdot \sim N(m_1, s_1)$$

$$s_1 = \left(\sigma^{-2}\sum_{j=1}^{J}\sum_{i=1}^{N}x_{ij}x'_{ij} + (100I_k)^{-1}\right)^{-1}, \quad m_1 = s_1\left(\sigma^{-2}\sum_{j=1}^{J}\sum_{i=1}^{N}x_{ij}y_{ij}\right)$$

$$\sigma^{-2}|\cdot \sim Ga\left(\frac{n_1}{2}, \frac{s_1}{2}\right)$$

$$n_1 = K + NJ, \quad s_1 = K + \sum_{j=1}^{J}\sum_{i=1}^{N}(y_{ij} - x'_{ij}\beta)^2$$

B-1　拡張モデルの事前分布

$$\gamma \sim N(0, 100I_K)$$

$$\sigma_j^{-2} \sim Ga\left(\frac{K}{2}, \frac{K}{2}\right)$$

$$\lambda_k^{-2} \sim Ga\left(\frac{1}{2}, \frac{1}{2}\right)$$

$$\Lambda = diag(\lambda_k^2)$$

B-2 拡張モデルの事後分布

$$\beta_j | \cdot \sim N(m_1, s_1)$$

$$s_1 = \left(\sigma_j^{-2} \sum_{i=1}^{N} x_{ij} x'_{ij} + \Lambda^{-1} \right)^{-1}, \qquad m_1 = s_1 \left(\sigma_j^{-2} \sum_{i=1}^{N} x_{ij} y_{ij} + \Lambda^{-1} \gamma \right)$$

$$\sigma_j^{-2} | \cdot \sim Ga\left(\frac{n_1}{2}, \frac{s_1}{2} \right)$$

$$n_1 = K + N, \qquad s_1 = K + \sum_{i=1}^{N} (y_{ij} - x'_{ij} \beta_j)^2$$

$$\gamma_k | \cdot \sim N(m_{k1}, s_{k1})$$

$$s_{k1} = (100^{-1} + J\lambda_k^{-2})^{-1}, \qquad m_{k1} = s_{k1} \left(\lambda_k^{-2} \sum_{j=1}^{J} \beta_{jk} \right)$$

$$\lambda_k^{-2} | \cdot \sim Ga\left(\frac{n_{k1}}{2}, \frac{s_{k1}}{2} \right)$$

$$n_{k1} = 1 + J, \qquad s_{k1} = 1 + \sum_{j=1}^{J} (\beta_{jk} - \gamma_k)^2$$

第**8**章

カテゴリー不確実な拡張製品に対する消費者の情報処理モード（Ⅰ）

シングルカテゴリー信念による消費者カテゴライゼーション

はじめに

　前章では,「適度な不一致」という視点から,拡張製品に対する消費者の情報処理モードを明らかにしてきた。しかし,拡張製品に対する消費者の情報処理モードを,適度な不一致だけで捉えきれないことは先述したとおりである。

　本章では,拡張製品に対する消費者の情報処理モードを「カテゴリー不確実性」という視点から検討する。その中でも,とくに,「シングルカテゴリー信念」という消費者の情報処理モードに注目する。分析対象となるカテゴリー不確実な拡張製品には,ハイブリッド製品を用いる。

　本章で明らかにすべきことは,2つある。1つは,カテゴリー不確実な拡張製品に対する消費者の情報処理モードは,シングルカテゴリー信念が駆動することにより,階層的認知構造の基礎レベルで2つ以上の製品カテゴリースキーマが駆動することである(仮説2-1)。もう1つは,同じくシングルカテゴリー信念が駆動することにより,カテゴリー不確実な拡張製品は,階層的認知構造の下位レベルでサブカテゴリー化されることである(仮説2-2)。

1　ハイブリッド製品

　ハイブリッド製品 (hybrid product) とは,2つ以上のカテゴリー属性を1つに集約させた製品のことである。最近の代表的な事例としては,日本市場における普及が著しいスマートフォンなどがある。スマートフォンは,PDA (personal digital assistant) 機能と携帯電話機能が1つに集約されたハイブリッド製品である[1]。このような製品は,マルチプルカテゴリー製品 (multiple-category product) やカテゴリー境界製品 (boundary-spanning product) とも呼ばれている (Rajagopal and Burnkrant 2009)。いずれも,2

つ以上のカテゴリー属性が1つの製品に集約されているため，潜在的に2つ以上の製品カテゴリーにカテゴライゼーションされる可能性がある (Lajos, Katona, Chattopadhyay and Sarvary 2009)。

このような製品形態は，決して目新しいものではなく，以前から日本市場における製品開発に採用されてきた経緯がある。1976年には，日本ビクターがラジオとテレビ受信機，カセットテープレコーダーの3つの機能を1台に集約した「ラテカセ」を発売している。また，キヤノンも1988年にパソコンとファクシミリ，ワープロ，電話機の4つの機能を1台に集約した「NAVI」を発売している。

近年では，急速に発展する情報技術が，ハイブリッド製品に組み込まれる新たな付加価値として注目されている。その先駆けとなったのが，2003年9月にキヤノンが市場に投入したデジタルビデオ・カメラ「IXY DV M2 KIT」の大ヒットである。当時，キヤノンのデジタルビデオとデジタルカメラに関する市場シェアは9％にも満たないほどで，上位3メーカーであるソニー，パナソニック，日本ビクターに大きく差をつけられていた。しかし，デジタルビデオとデジタルカメラのハイブリッド製品「IXY DV M2 KIT」の市場投入以降は，一気に市場シェアを約18％にまで跳ね上げ，キヤノンのデジタルビデオ・カメラ史上の中でも大ヒット商品となったのである。その他にも，ソニーによるゲーム機能付きHDD内蔵のハイブリッドDVDレコーダー「PSX」や，スキャナー付きプリンターである複合プリンター，メディアプレーヤー付きポータブルゲーム機「PSP」などハイブリッド製品が次々と開発され，日本市場においてハイブリッド製品の開発が2000年代以降に再び脚光を浴び始めたのである。

---

1) 昨今のスマートフォンに対する消費者の認識は，従来型携帯電話とは異なった製品カテゴリーのものとして認識されていると考えられるが，2008年7月に日本市場でiPhone 3Gが発売される以前のスマートフォンは，タッチパネルではなく，キー入力による操作が必要であったことなど，とくにハイブリッド製品としての特徴が顕著であった。

ここまで，ハイブリッド製品の事例として，デジタル機器製品を事例に取り上げてきたが，もちろんハイブリッド製品はデジタル機器製品に限らない。たとえば，家庭用電化製品の分野においても，パナソニックの乾燥機能付き洗濯機やダイキン工業の加湿器機能付きエアコンなどがその一例にある。

　その他にも，2003 年以降の自動車産業において，ハイブリッド製品による新製品開発が見られる。その先駆けとなったのが，日産自動車のミニミニバン「キューブキュービック」とホンダのスポーティーミニバン「オデッセイ」の開発である。ミニミニバンとは，コンパクトカーの運転のしやすさとミニバンの車内空間の広さを集約させたハイブリッド製品である。スポーティーミニバンとは，セダンやステーションワゴンの走りの良さと，従来のミニバンの広い車内空間を 1 つに集約させたハイブリッド製品である。最近では，より細かく消費者のニーズに対応するために，各メーカーがクロスオーバーカーというコンセプトで，SUV とクーペ，SUV とコンパクトカーなどのカテゴリー属性を 1 つの製品に集約させたハイブリッド製品を開発している。

　このようなハイブリッド製品が，製品開発に採用される理由は 3 つある（日経メカニカル 2004）。第 1 の理由は，市場の不確実性への対応である。消費者のニーズが多様化し，消費者自身も顕在的なニーズを認識することが難しくなってきた市場環境への対応である。つまり，ハイブリッド製品の開発は，ある程度消費者のニーズを満たすことが確証できる範疇において，新たな付加価値を組み込んだ新製品を上市させようとする市場の不確実性に対するリスク・マネジメントなのである。

　第 2 の理由は，メーカーの新技術に対するスランプである。たとえ革新的な技術の開発がなくても，メーカーは熾烈な市場競争に打ち勝っていかなければならない。そのためにも新製品を継続的に上市させ続ける必要がある。新技術に対するスランプと新製品を開発し続けなければならないトレード・オフを解決するためにも，既存技術を組み合わせることで新しさ

を打ち出すことができる，ハイブリッド製品が採用されるのである。

　第3の理由は，製品開発コストである。ハイブリッド製品は，既存技術を組み合わせることから製品開発リスクが少なく，比較的低コストで開発することができる。さらに，ハイブリッド製品は複数の機能を組み込んだ高い付加価値をもつことから，単機能の製品よりも高い価格設定が可能となる。そのため，安定的な利益を創出できる製品開発として，ハイブリッド製品が採用されているのである。

　このような製品形態が1つの主要な製品開発となっている今日において，マーケティング研究においてもハイブリッド製品に対する関心が必然的に高まっている（Gregan-Paxton, Hoeffler and Zhao 2005; Han, Chung and Sohn 2009; Lajos, Katona, Chattopadhyay and Sarvary 2009; Rajagopal and Burnkrant 2009）。

2 ハイブリッド製品に対する消費者の情報処理モード（Ⅰ）

2.1　シングルカテゴリー信念

　ハイブリッド製品に対する消費者のカテゴライゼーションは，カテゴリー不確実な拡張製品に対する消費者の情報処理モードである。なぜならば，ハイブリッド製品を情報処理する際に駆動する製品カテゴリースキーマは，潜在的に複数存在するからである。

　カテゴリー不確実な拡張製品に対する消費者のカテゴライゼーションは，新しい対象を認識する際のカテゴリーが，単一カテゴリー（single-category）内で駆動するのか，それとも2つ以上の複数カテゴリー（multiple-category）で駆動するのか，ということが研究の焦点となってきた（Malt, Ross and Murphy 1995; Moreau, Markman and Lehmann 2001; Murphy and Ross 1994, 1999, 2010; Ross and Murphy 1996)。

　これまでの先行研究から，上記の問題意識に対しては，一定の収束した見解が得られている。それは，被験者に対して認知的刺激を与えなければ，カテゴリー不確実性における消費者のカテゴライゼーションは，基本的に単一カテゴリー内で駆動する傾向にあるということである (Malt, Ross and Murphy 1995; Moreau, Markman and Lehmann 2001; Murphy and Ross 1994)[2]。このような消費者の情報処理モードを「シングルカテゴリー信念」という。

　そこで，本章においても，ハイブリッド製品に対する消費者の情報処理モードは，基本的に単一の製品カテゴリー内でカテゴライゼーションされることを前提とする。

2.2 カテゴリーメンバーシップ

　カテゴリー不確実な拡張製品に対する消費者の情報処理モードを明らかにするためには，カテゴリーメンバーシップという概念も重要になってくる。第3章で述べたように，「カテゴリーメンバーシップ」とは，ファジー集合理論において発展した概念であり，ある対象が当該カテゴリーにおいて，どの程度の確率でカテゴライゼーションされるかを捉える概念である (Kaufmann 1975; Smithson 1987; Zadeh 1965)。つまり，ある対象に対するカテゴライゼーションは，当該カテゴリーにおいてなされるのか，なされないのかという明瞭なものではなく，確率的なものとして捉えられるのである[3]。

　ファジー集合理論は，Zadeh (1965) によって創始された概念であり，人間の主観的かつ曖昧な情報処理を捉える際に有益な概念である。そのため，ファジー集合理論は多様な研究分野で用いられており，もちろんマーケティング研究もその例外ではない。マーケティング研究にファジー集合理論

---

[2] 詳細は第4章3節を参照。
[3] カテゴリーメンバーシップについては，宮本 (1999) に詳しい。

を用いた萌芽的研究には，競争市場構造分析や消費者選好構造分析などマーケティング・サイエンスの分野のものがある（Hruschka 1986; Wedel and Steenkamp 1989, 1991）。その後，第4章3節で述べたように，ファジー集合理論は消費者行動研究の分野にも用いられるようになった（Trujillo 2008; Viswanathan and Childers 1999）。

以上より，本章でも，カテゴリー不確実な拡張製品に対する消費者の情報処理モードを明らかにするためには，ファジー集合理論を用いる。ファジー集合理論を用いることが有効であることは，後述のモデル比較において詳述する。

3 リサーチ・デザイン

3.1 分析対象

分析対象は，日本コカ・コーラ株式会社から上市されていた「アクエリアス・スパークリング」（以下，AS）を用いる。ASは，2010年5月に炭酸飲料カテゴリーのソフトドリンクとして上市された製品である。ASが上市される以前までは，アクエリアス・フリースタイル（AQUARIUS Freestyle）というブランド名で同様の製品が2006年4月より上市されていた。ASは単なる炭酸飲料カテゴリーのソフトドリンクではなくハイブリッド製品である。そのことは，以下のマーケティング・コミュニケーションを確認するとよく理解できる。

> 「アクエリアス」ブランドならではの水分補給に適したアイソトニック設計はそのままに，炭酸と3つの成分（アミノ酸，クエン酸，D-リボース）を配合した，カロリーオフで飲みやすいシトラスフレーバーのスポーツ炭酸飲料です。水分補給機能と炭酸により，運動後のカラダの爽快リセットを

サポートします。また，世界で初めて"バブルスムーサー"を配合し，炭酸の刺激を低減し，運動後でも，ごくごくと飲みやすい口あたりです。
(日本コカ・コーラ株式会社ウェブサイトより。2011年2月閲覧)

上記のマーケティング・コミュニケーションからも理解できるように，ASは，「アクエリアス」ブランドとしての機能性飲料カテゴリーの製品属性である「水分補給」と，炭酸飲料カテゴリーの製品属性である「炭酸」が製品設計に包含されている。ASは炭酸飲料と機能性飲料カテゴリーの属性が，1つに集約されたハイブリッド製品である[4]。

本分析では，ASが情報処理される可能性がある2つの製品カテゴリースキーマにそれぞれ存在するブランドを，ASのカテゴリーメンバーとして採用している。これらカテゴリーメンバーとしてのブランド選定には，いくつかの流通チャネルを観察し，商品棚に配架されている割合が多いブランドをそれぞれ選定した。スポーツドリンクを含む機能性飲料カテゴリーからは，ポカリスエット，DAKARA，アミノサプリ，スーパーH2Oの4ブランドを採用している。炭酸飲料（透明炭酸飲料）カテゴリーからは，昨今のゼロ系炭酸飲料の台頭が目立ち，三ツ矢サイダーオールゼロ，スプライトゼロ，大人のキリンレモン，メッツ（Mets），ヌューダ（NUDA）の5ブランドを採用することとした。そして，ASを含む合計$J=10$ブランドを分析対象としている。

3.2 調査対象者

調査対象者は，全国の15〜49歳の男女より，分析対象となるASの購買・消費経験がなく，製品そのものを認知していない消費者479人（男性：

---

[4] ここでは，ASがハイブリッド製品であることを検証するため，ASの非認知者128人（男性58人，女性70人）に対して事前調査を行っている（2011年2月実施）。そして，多次元尺度構成法と階層クラスタリングにより，ASが，炭酸飲料にも機能性飲料にも属さないことを確認している。

214 人,女性：265 人）をインターネット調査によってランダム・サンプリング抽出したものである（2011 年 2 月実施）。AS を認知していない消費者を調査対象者としたのは，カテゴリー不確実な拡張製品に対する消費者の情報処理モードを明らかにするためである。先述したように，カテゴリー不確実性とは，新しい対象を認識する際に，消費者が能動化させるカテゴリースキーマが一義的ではないという認知状態のことである。つまり，ハイブリッド製品である AS が新製品として認識されたほうが好ましいため，このような消費者を抽出している。

3.3 測定項目 1：カテゴライゼーション

まずは，階層的認知構造の基礎レベルで AS がどのように情報処理されるのかを測定する。先述した AS を含む $J=10$ ブランドが整列した画面を見てもらい，各ブランドを任意に 2 つのカテゴリーに分類してもらうように指示をした。そうすることで消費者 i ($i=1,...,N$) がブランド j ($j=1,...,J$) をそれぞれどのように同一のカテゴリーに分類したのかという 2 値のデータを収集することができる。

3.4 測定項目 2：製品信念

次に，AS に対する「製品信念（product beliefs）」を測定する（Rajagopal and Burnkrant 2009）。製品信念とは，当該製品にその認知要素がどの程度適切であるかを消費者に判断させる測度である。ここでは，製品信念として炭酸飲料カテゴリーに関する認知要素 10 項目，機能性飲料カテゴリーに関する認知要素 10 項目の合計 $K=20$ 項目を製品信念として用いる。それぞれの項目は，「あてはまる〜あてはまらない」までの 5 点リッカート尺度によって測定している（表 8.1）。

表 8.1 製品信念

測定項目	認知要素の種類
ASは，カラダやココロを切り替えたいときに飲む飲料である	炭酸飲料カテゴリー
ASは，ストレスを解消したいときに飲む飲料である	
ASは，集中力を高めたいときに飲む飲料である	
ASは，ダイエットをしたいときに飲む飲料である	
ASは，リラックスしたいときに飲む飲料である	
ASは，シトラスフレーバーの飲料である	
ASは，低刺激の炭酸が入った飲料である	
ASは，爽快感がある飲料である	
ASは，カラダの疲れをリセットしてくれる飲料である	
ASは，飲みやすい口あたりの飲料である	
ASは，疲労を回復したいときに飲む飲料である	機能性飲料カテゴリー
ASは，体調を管理したいときに飲む飲料である	
ASは，水分補給したいときに飲む飲料である	
ASは，カラダやココロのコンディションを保ちたいときに飲む飲料である	
ASは，脂肪を燃焼させたいときに飲む飲料である	
ASは，水分補給に適した飲料である	
ASは，イオンをカラダに伝える飲料である	
ASは，アミノ酸が入った飲料である	
ASは，運動後に適した飲料である	
ASは，あなたのサポート飲料である	

3.5 測定項目3：購入意向

最後に，ASに対する購買意向 y を「買ってみたい〜買ってみたくない」までの5点リッカート尺度によって測定した．本分析の対象者はASを新製品として認知する消費者であるため，新製品に対する態度を回答してもらうことは難しいと判断し，新製品のトライアル購買意向を測定した．

4 分析結果

4.1 カテゴリー不確実な拡張製品に対する消費者の情報処理モード：基礎レベル

本項では，測定項目1から得られた2値データより，階層的認知構造の基礎レベルにおける消費者の情報処理モードについての分析結果を詳述する[5]。階層的認知構造の基礎レベルとは，AS に対してシングルカテゴリー信念が駆動するところである。収集したデータをカテゴリー分類行列 M として定義する。表8.2は，カテゴリー分類行列 M からブランド間の類似度を集計したものである。この行列の要素について，たとえばスプライトゼロと三ツ矢サイダーオールゼロの値441が示すものは，$N=479$ 人中441人が，この2つのブランドを同じ製品カテゴリーとして情報処理したということを示している。つまり，ブランド j の値が大きいほど，それらは同じカテゴリーでカテゴライゼーションされているということである。以下では，カテゴリー分類行列 M より得られた消費者 i ごとに，階層的認知構造の基礎レベルで駆動する AS に対する製品カテゴリースキーマを $[0,1]$ の連続的なカテゴリーメンバーシップ関数に変換する操作化を説明する。

カテゴリー分類行列 M（表8.2）から消費者 i のブランド j の相関係数行列 R_{jk}（$j,k=1,...,J$）を求める（表8.3）。相関係数行列 R_{jk} からもわかるように，AS は炭酸飲料でも機能性飲料でもないブランドとして，カテゴラ

---

[5] このように消費者のカテゴライゼーションを直接観測できる水準，つまり消費者が最も頻繁に能動化させるカテゴリースキーマは，階層的認知構造の基礎レベルであることが，これまでの先行研究からも明らかになっている（Lingle, Alton and Medin 1984; Meyers-Levy and Tybout 1989）。

表 8.2 カテゴリー分類行列 M から計算したブランド間の類似度

	スプライトゼロ	三ツ矢サイダーオールゼロ	大人のキリンレモン	メッツ (Mets)	ヌーダ (NUDA)	アクエリアススパークリング	スーパー H2O	アミノサプリ	DAKARA	ポカリスエット
スプライトゼロ	–									
三ツ矢サイダーオールゼロ	441	–								
大人のキリンレモン	393	395	–							
メッツ (Mets)	392	386	410	–						
ヌーダ (NUDA)	320	322	324	333	–					
アクエリアススパークリング	217	219	225	238	268	–				
スーパー H2O	97	95	101	108	182	265	–			
アミノサプリ	65	55	79	96	156	265	411	–		
DAKARA	72	56	84	89	163	254	396	438	–	
ポカリスエット	68	62	78	81	163	262	412	438	439	–

イゼーションされている。このことからも，AS は，炭酸飲料と機能性飲料カテゴリーの製品属性を1つに集約させたハイブリッド製品として認識されていることが明らかである。

さらに，カテゴリー分類行列 M を因子分析することで1次元の因子負荷量 β を抽出し，同時にブランド j の因子得点 f_i を得る（表8.4）。こうして得られた因子得点 f_i とカテゴリー分類行列 M から，階層的認知構造の基礎レベルでどのように AS がカテゴライゼーションされているのかを以下のように推定する。

まず，カテゴリー分類行列 M から AS を基準とする分類行列 M^* を生成する（式8.1）。つまり，AS 以外のブランド j に対して，AS と同じ製品カテゴリーに分類されていたら1を，異なるカテゴリーに分類されていたら0を与える行列を生成する。このような AS を基準とする分類行列 M^*

表 8.3 ブランド j の相関係数行列 R_{jk}

	スプライトゼロ	三ツ矢サイダーオールゼロ	大人のキリンレモン	メッツ(Mets)	ヌューダ(NUDA)	アクエリアススパークリング	スーパーH2O	アミノサプリ	DAKARA	ポカリスエット
スプライトゼロ	1.000									
三ツ矢サイダーオールゼロ	0.824	1.000								
大人のキリンレモン	0.626	0.633	1.000							
メッツ(Mets)	0.628	0.598	0.703	1.000						
ヌューダ(NUDA)	0.368	0.367	0.363	0.399	1.000					
アクエリアススパークリング	−0.060	−0.056	−0.042	0.012	0.118	1.000				
スーパーH2O	−0.561	−0.574	−0.560	−0.532	−0.252	0.084	1.000			
アミノサプリ	−0.709	−0.754	−0.656	−0.584	−0.364	0.084	0.699	1.000		
DAKARA	−0.676	−0.749	−0.634	−0.615	−0.334	0.036	0.632	0.818	1.000	
ポカリスエット	−0.694	−0.722	−0.660	−0.650	−0.334	0.070	0.703	0.818	0.822	1.000

表 8.4 ブランド j の因子負荷量 β

	因子負荷量
スプライトゼロ	−0.348
三ツ矢サイダーオールゼロ	−0.356
大人のキリンレモン	−0.331
メッツ（Mets）	−0.322
ヌューダ（NUDA）	−0.195
アクエリアススパークリング	0.025
スーパーH2O	0.315
アミノサプリ	0.368
DAKARA	0.361
ポカリスエット	0.368

の (i, j) 要素 M_{ij}^* は，次のように定義する．

$$M_{ij}^* = \begin{cases} 1 & if \quad M_{ij} = M_{i6} \\ 0 & if \quad M_{ij} \neq M_{i6} \end{cases}, \quad where \ AS \ is \ j = 6 \qquad (8.1)$$

次に，先ほど得られたブランド j の因子得点 f_i と AS を基準とする分類行列 M^* より，消費者 i ごとに階層的認知構造の基礎レベルで AS がカテゴライゼーションされる製品カテゴリー c_i を算出する（式8.2）。つまり，c_i とは AS を基準とする分類行列 M^* に，1次元の因子負荷量 β を抽出する際に得られたブランド j の因子得点 f_i をかけ合わせたものである。

$$c_i = (M_i^*)'f \tag{8.2}$$

これらは，消費者 i ごとに算出された値が与えられる。さらに，消費者 i ごとに与えられた c_i をロジット変換によって $[0,1]$ の連続的な値に変換し，α_i を算出している（式7.3）。消費者 i ごとに与えられた α_i は，階層的認知構造の基礎レベルで AS がカテゴライゼーションされる程度を $[0,1]$ の連続的な値域でファジーに規定するカテゴリーメンバーシップ関数である。以降，α_i を消費者 i のベースカテゴリーと呼ぶ。

$$\alpha_i = \frac{\exp(c_i)}{1+\exp(c_i)} \tag{8.3}$$

図8.1は，消費者 i ごとのベースカテゴリー α_i をプロットしたものであり，図8.2は消費者 i ごとに得られた α_i の値をソートしたものである。つまり，図8.1と図8.2ともにサンプル数（479人）分のプロットがある。縦軸は，AS を機能性飲料カテゴリーとして認識している程度であり，横軸はサンプル数を示している。

図8.1と図8.2からも確認できるように，AS がハイブリッド製品であるがゆえに，AS に対するベースカテゴリーの能動化が消費者 i ごとに異なることが明らかとなった。そして，消費者集計レベルでは，大きく2つの製品カテゴリーに，AS はカテゴライゼーションされていることが明らかになった（**仮説2-1** の支持）。つまり，AS を機能性飲料カテゴリーの製品として認知している消費者（$\alpha_i=1$）が存在すると同時に，炭酸飲料カテゴリーの製品として認知している消費者（$\alpha_i=0$）も存在することが明らかになった。さらに，これら2つのベースカテゴリーの一方に明確に規定さ

図 8.1 AS のベースカテゴリー α_i

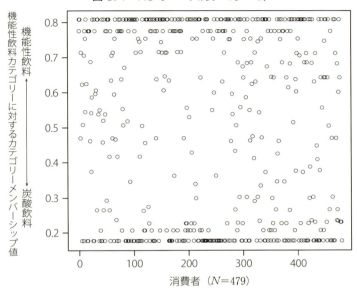

図 8.2 AS のベースカテゴリー α_i (ソート済み)

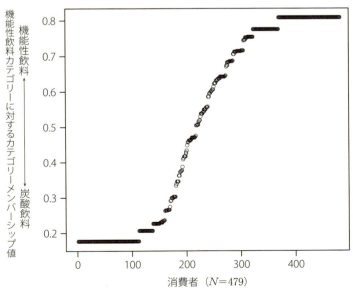

れない，曖昧なベースカテゴリーを形成している消費者（$0<\alpha_i<1$）も多数存在していることが明らかになった。このような曖昧なベースカテゴリーを捉えることができたのは，ASというハイブリッド製品に対するカテゴライゼーションが，消費者iにとってカテゴリー不確実性が高い認知状態だからである。

　以上より，カテゴリー不確実な拡張製品に対する消費者の情報処理モードは，シングルカテゴリー信念が駆動することにより，階層的認知構造の基礎レベルで曖昧なベースカテゴリーを含む複数の製品カテゴリースキーマが駆動することを検証できた。

4.2　カテゴリー不確実な拡張製品に対する消費者の情報処理モード：下位レベル

　本項では，カテゴリー不確実な拡張製品に対する消費者の情報処理モードは，シングルカテゴリー信念が駆動することにより，階層的認知構造の基礎レベルで2つ以上の製品カテゴリースキーマが駆動することをファジー集合理論に基づいて検討し，ハイブリッド製品は，サブカテゴリー化されることをモデリングによって検討する。

　消費者i（$i=1,...,N$）ごとに収集したASに関する製品信念は，機能性飲料の認知要素x_{ij}（$j=1,...,J$）と炭酸飲料の認知要素w_{ik}（$k=1,...,K$）に分けることができる。ここで，各認知要素を説明変数とし，ASの購買意向y_iに対する影響を線形回帰分析で推定する。ただし，推定された消費者iのベースカテゴリーα_iを，推定される標準化回帰係数の重みとしている（式8.4）。つまり，消費者iがASに対してどのようなベースカテゴリーα_iを能動化させたかということで，基礎レベル（BC）と下位レベル（SC）で駆動するASの製品信念が異なることを仮定したモデルとなっている。

$$y_i = \alpha_i \left[\sum_{j=1}^{J} x_{ij} \beta_j^{BC} + \sum_{k=1}^{K} w_{ik} \gamma_k^{SC} \right] + (1-\alpha_i) \left[\sum_{j=1}^{J} x_{ij} \beta_j^{SC} + \sum_{k=1}^{K} w_{ik} \gamma_k^{BC} \right] + \varepsilon_i \quad (8.4)$$

$$\alpha_i \in [0,1]$$

サブカテゴリー化される AS の認知要素 x_{ij} および w_{ik} は，ベースカテゴリーの能動化の程度によって異なることに注意されたい。ここでは，消費者 i の AS のベースカテゴリー α_i と $1-\alpha_i$ の大小関係に基づき，階層的認知構造の基礎レベルと下位レベルで駆動する認知要素 x_{ij} および w_{ik} の強さが異なることを仮定している。つまり，消費者 i が AS をより炭酸飲料としてカテゴライゼーションしている場合（$\alpha_i < 1-\alpha_i$），炭酸飲料に関するカテゴリースキーマが基礎レベルで能動化し，認知要素 w_{ik} には γ^{BC} がかかり，機能性飲料に関するカテゴリースキーマは下位レベルで能動化するため，認知要素 x_{ij} には β^{SC} がかかる。また，消費者 i が AS をより機能性飲料としてカテゴライゼーションしている場合（$\alpha_i > 1-\alpha_i$），機能性飲料カテゴリーに関するカテゴリースキーマが基礎レベルで能動化し，認知要素 x_{ij} には β^{BC} がかかり，炭酸飲料カテゴリーに関するカテゴリースキーマは下位レベルで能動化するため，認知要素 w_{ik} には γ^{SC} がかかる。ここで $\{\beta^{BC}, \gamma^{BC}, \beta^{SC}, \gamma^{SC}\}$ とは，階層的認知構造の基礎レベルと下位レベルで能動化する AS の製品カテゴリースキーマの認知要素の重みを示している。

　つまり，$\alpha_i < 1-\alpha_i$ であれば，消費者 i は AS をより炭酸飲料としてカテゴライゼーションしているため，基礎レベルで能動化する認知要素は炭酸飲料カテゴリーに関する製品信念であり，下位レベルで能動化される認知要素は機能性飲料カテゴリーに関する製品信念だということである。逆に，$\alpha_i > 1-\alpha_i$ であれば，消費者 i は AS をより機能性飲料としてカテゴライゼーションしているため，基礎レベルで能動化する認知要素は機能性飲料カテゴリーに関する製品信念であり，下位レベルで能動化する認知要素は炭酸飲料カテゴリーに関する製品信念であることをモデリングとして反映させている。

　また表 8.5 は，提案モデル（式 8.4）と対立モデルの統計量を比較し，ハイブリッド製品に対する消費者の情報処理モードは，ファジー集合理論に基づいたシングルカテゴリー信念の駆動を仮定した提案モデルが最も説明

力があることを示している[6]。以下では，提案モデル（式8.4）に基づいて分析結果を考察する。

まずは，主に炭酸飲料としてカテゴライゼーションされた場合（$\alpha_i<1-\alpha_i$）の分析結果である（表8.6）。この場合，消費者は基礎レベルで炭酸飲料に関するカテゴリースキーマを能動化させてはいるが，本分析で設定した炭酸飲料カテゴリーに関する製品信念では，具体的に能動化させた認知要素を捉えることができなかった。

しかし，下位レベルにおいて，「アミノ酸が入った飲料（$\beta^{sc}=0.311$, $p<.1$）」，「あなたのサポート飲料（$\beta^{sc}=0.433, p<.01$）」という機能性飲料カ

---

[6] 提案モデルは，ファジー集合理論に基づいたモデリングとなっている。そして，ファジー集合理論に基づくモデルがハイブリッド製品に対する消費者の情報処理モードを最も正確に捉えていることを示すにあたって，本分析ではモデル比較を行っている。

第1および第2のモデルは，階層的認知構造の基礎レベルでASは単一の製品カテゴリースキーマ内（炭酸飲料または機能性飲料カテゴリー）においてのみ情報処理され，それは消費者iごとに異ならないということを仮定したモデルである。つまり，ASには明確に情報処理される製品カテゴリースキーマが存在することを仮定したモデルである。

第3のモデルは，ASは単一の製品カテゴリースキーマ内においてのみ情報処理されるが，それは消費者iごとに異なるということを仮定したモデルである。つまり，ASには明確に情報処理される製品カテゴリースキーマが存在するが，それは消費者iごとに異なることを仮定したモデルである。

これら対立モデルと提案モデル（式8.4）を最尤法によって推定し，決定係数R^2（調整済み決定係数Adj-R^2も含む）と対数尤度，そしてAIC（Akaike's information criteria；赤池情報量規準）の統計量によってモデル比較を行った（表8.5）。

提案モデルの統計量は，それぞれ決定係数$R^2=0.514$（調整済み決定係数Adj-$R^2=0.469$），対数尤度$LL=-605.714$，そしてAIC=4.171であった。これらの統計量はすべて対立モデルよりも高いモデルの説明力を示しており，ハイブリッド製品に対する消費者の情報処理モードは，シングルカテゴリー信念の駆動を仮定したファジー集合理論に基づきモデルが最も適切であることを確認することができた。

表 8.5 モデル比較

基礎レベル	提案モデル	対立モデル		
	ファジー(炭酸飲料と機能性飲料)	シングル(炭酸飲料)	シングル(機能性飲料)	クリスプ(炭酸飲料または機能性飲料)
R^2	0.514	0.380	0.463	0.430
Adj-R^2	0.469	0.366	0.452	0.405
対数尤度 LL	−605.714	−664.091	−629.438	−643.697
AIC	4.171	4.561	4.330	4.425

(注) R^2:決定係数,Adj-R^2:調整済み決定係数,AIC:赤池情報量規準。

表 8.6 ハイブリッド製品に対する消費者の情報処理モード
(基礎レベル:炭酸飲料)

		推定値 γ^{BC}	標準偏差	有意水準
【基礎レベル】炭酸飲料	カラダやココロを切り替えたいときに飲む飲料	−0.075	0.130	
	ストレスを解消したいときに飲む飲料	0.194	0.128	
	集中力を高めたいときに飲む飲料	−0.043	0.151	
	ダイエットをしたいときに飲む飲料	0.014	0.137	
	リラックスしたいときに飲む飲料	0.005	0.118	
	シトラスフレーバーの飲料	−0.118	0.141	
	低刺激の炭酸が入った飲料	−0.203	0.150	
	爽快感がある飲料	0.178	0.145	
	カラダの疲れをリセットしてくれる飲料	−0.105	0.150	
	飲みやすい口あたりの飲料	0.150	0.155	

		推定値 β^{SC}	標準偏差	有意水準
【下位レベル】機能性飲料	疲労を回復したいときに飲む飲料	0.145	0.134	
	体調を管理したいときに飲む飲料	−0.054	0.125	
	水分補給したいときに飲む飲料	−0.105	0.144	
	カラダやココロのコンディションを保ちたいときに飲む飲料	0.074	0.166	
	脂肪を燃焼させたいときに飲む飲料	−0.177	0.138	
	水分補給に適した飲料	0.160	0.139	
	イオンをカラダに伝える飲料	−0.077	0.151	
	アミノ酸が入った飲料	0.311	0.164	*
	運動後に適した飲料	0.144	0.159	
	あなたのサポート飲料	0.433	0.150	***

(注) *:10%,**:5%,***:1%。
基礎レベル:炭酸飲料,下位レベル:機能性飲料の場合。

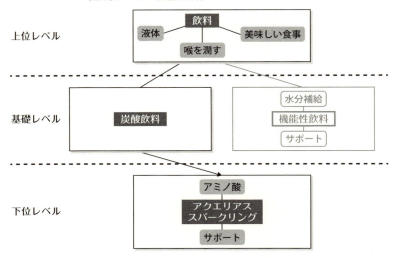

図8.3 ハイブリッド製品に対する消費者の情報処理モード
(基礎レベル：炭酸飲料)

(注) 基礎レベル：炭酸飲料，下位レベル：機能性飲料の場合。

テゴリーに関する認知要素を駆動させ，AS をサブカテゴリー化していることが明らかになった（図8.3）。

次に，主に機能性飲料としてカテゴライゼーションされた場合（$\alpha_i > 1 - \alpha_i$）の分析結果を考察する（表8.7）。この場合，消費者は基礎レベルにおいて機能性飲料に関するカテゴリースキーマを能動化させ，「水分補給したいときに飲む飲料（$\beta^{BC} = 0.234, p < .1$）」，「水分補給に適した飲料（$\beta^{BC} = -0.310, p < .05$）」，「あなたのサポート飲料（$\beta^{BC} = 0.331, p < .05$）」という機能性飲料カテゴリーに関する認知要素を駆動させ，AS をカテゴライゼーションしていることが明らかになった。

さらに，下位レベルにおいては，炭酸飲料をベースカテゴリーとして能動化させた消費者とは異なり，「ダイエットをしたいときに飲む飲料（$\gamma^{SC} = -0.220, p < .1$）」，「カラダの疲れをリセットしてくれる飲料（$\gamma^{SC} = 0.434, p < .01$）」という炭酸飲料カテゴリーに関する認知要素を駆動させ，

**表 8.7 ハイブリッド製品に対する消費者の情報処理モード
（基礎レベル：機能性飲料）**

		推定値 β^{BC}	標準偏差	有意水準
【基礎レベル】機能性飲料	疲労を回復したいときに飲む飲料	0.014	0.114	
	体調を管理したいときに飲む飲料	0.004	0.123	
	水分補給したいときに飲む飲料	0.234	0.128	*
	カラダやココロのコンディションを保ちたいときに飲む飲料	0.114	0.145	
	脂肪を燃焼させたいときに飲む飲料	−0.031	0.129	
	水分補給に適した飲料	−0.310	0.140	**
	イオンをカラダに伝える飲料	0.163	0.149	
	アミノ酸が入った飲料	−0.151	0.155	
	運動後に適した飲料	0.103	0.148	
	あなたのサポート飲料	0.331	0.130	**

		推定値 γ^{SC}	標準偏差	有意水準
【下位レベル】炭酸飲料	カラダやココロを切り替えたいときに飲む飲料	0.190	0.125	
	ストレスを解消したいときに飲む飲料	0.028	0.134	
	集中力を高めたいときに飲む飲料	0.133	0.127	
	ダイエットをしたいときに飲む飲料	−0.220	0.116	*
	リラックスしたいときに飲む飲料	0.123	0.111	
	シトラスフレーバーの飲料	−0.139	0.151	
	低刺激の炭酸が入った飲料	−0.121	0.125	
	爽快感がある飲料	−0.035	0.145	
	カラダの疲れをリセットしてくれる飲料	0.434	0.144	***
	飲みやすい口あたりの飲料	−0.020	0.146	

（注）＊：10％，＊＊：5％，＊＊＊：1％。
　　　基礎レベル：機能性飲料，下位レベル：炭酸飲料の場合。

AS をサブカテゴリー化していることが明らかになった。（図8.4）。

　以上が分析結果の考察であるが，最も注目するべきことは，基礎レベルで駆動する製品カテゴリースキーマが異なれば，サブカテゴリー化される認知要素が異なるということである（**仮説2-2** の支持）。ハイブリッド製品に対する消費者の情報処理モードは，シングルカテゴリー信念の駆動に基づき，選択されるベースカテゴリーによってサブカテゴリー化される認知要素が異なるのである。

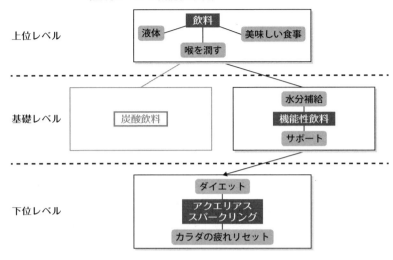

図 8.4 ハイブリッド製品に対する消費者の情報処理モード（基礎レベル：機能性飲料）

（注）基礎レベル：機能性飲料，下位レベル：炭酸飲料の場合。

5 まとめ
▶ 実証分析 2 の貢献と今後の研究課題

本章では，カテゴリー不確実な拡張製品に対する消費者の情報処理モードは，シングルカテゴリー信念が駆動することにより，階層的認知構造の基礎レベルで 2 つ以上の製品カテゴリースキーマが駆動することを明らかにした（**仮説 2-1**）。また，同じくシングルカテゴリー信念が駆動することにより，カテゴリー不確実な拡張製品は，階層的認知構造の下位レベルでサブカテゴリー化されることも明らかにした（**仮説 2-2**）。

本章の貢献は，拡張製品に対する消費者の情報処理モードを「カテゴリー不確実性」という視点から検討し，シングルカテゴリー信念の駆動を仮定することで，階層的認知構造の基礎レベルでは複数の製品カテゴリース

キーマが能動化し，ベースカテゴリーが異なれば，下位レベルで能動化する認知要素が異なることを，ファジー集合理論に基づいたモデリングによって明らかにしたことである。

　今後の研究課題としては，ベースカテゴリーが曖昧だった消費者の情報処理モードを明らかにすることである。本章では，ファジー集合理論に基づくモデリングによって，階層的認知構造の基礎レベルで能動化するベースカテゴリーが複数あることを明らかにしただけでなく，機能性飲料でも炭酸飲料でもない製品カテゴリースキーマを基礎レベルで能動化させた消費者も多くいることが明らかになった。このような消費者は，マルチプルカテゴリー信念を駆動させている可能性が考えられる（Gregan-Paxton, Hoeffler and Zhao 2005; Ross and Murphy 1996）。そこで，次章では，基礎レベルで曖昧な製品カテゴリースキーマを能動化させていた消費者に注目して，マルチプルカテゴリー信念を駆動させている消費者がいることを示す。

第 **9** 章

カテゴリー不確実な拡張製品に対する 消費者の情報処理モード（Ⅱ）
マルチプルカテゴリー信念による 消費者カテゴライゼーション

はじめに

　前章では，カテゴリー不確実な拡張製品に対する消費者の情報処理モードとして，「シングルカテゴリー信念」の存在を明らかにした。本章では，もう１つの消費者情報処理モードの可能性として，「マルチプルカテゴリー信念」に注目する。

　本章で明らかにすべきことは，２つある。１つは，マルチプルカテゴリー信念を駆動させる消費者は，シングルカテゴリー信念を駆動させる消費者よりも認知欲求の水準が高いということである（**仮説 3-1**）。もう１つは，マルチプルカテゴリー信念を駆動させる消費者は，シングルカテゴリー信念を駆動させる消費者よりも，カテゴリー不確実な拡張製品を，よりサブカテゴリー化しているということである（**仮説 3-2**）。

1　ハイブリッド製品に対する消費者の情報処理モード（Ⅱ）

1.1　マルチプルカテゴリー信念

　マルチプルカテゴリー信念とは，２つ以上の製品カテゴリースキーマを駆動させる情報処理モードのことである[1]。マルチプルカテゴリー信念は，カテゴリー不確実な認知状態にある被験者の当該対象に対する態度変容を高い確率で予測できるため，認知心理学において多分に研究されている。

　先述したように，カテゴリー不確実性における消費者の情報処理モード

---

[1] ここで注意されたいのは，マルチプルカテゴリー信念は，２つ以上の製品カテゴリースキーマを選択カテゴリー（alternative category）として駆動させ，最終的には１つの製品カテゴリースキーマを選択する情報処理モードのことである。

において,最初にマルチプルカテゴリー信念を検証したのも Murphy and Ross (1994) であった。しかし,Murphy and Ross (1994) では,マルチプルカテゴリー信念を検証したことは副次的な研究成果であり,主となる研究成果は,むしろカテゴリー不確実性における消費者の情報処理モードは,シングルカテゴリー信念であることを最初に検証したことだった。つまり,Murphy and Ross (1994) の研究成果からも理解できるように,カテゴリー不確実性における消費者の情報処理モードには,シングルカテゴリー信念とマルチプルカテゴリー信念の可能性を同時に考慮することができるのである[2]。

　第4章で述べたように,Malt, Ross and Murphy (1995) では,カテゴリー不確実性を意図的に含ませた物語を被験者に読ませている。その物語の中では,ある主人公が自宅のドアベルを鳴らすことを期待する人物がいることを物語の中心としている。しかし,その物語の中では,ドアベルを鳴らす可能性がある人物を何人か設定している。そして,物語は誰がドアベルを鳴らしたのかは不明瞭に終わらせ,その後,被験者にドアベルを鳴らした人物を回答させている。つまり,ドアベルを鳴らした人物を予測させる選択肢として複数の登場人物を用意しているのである。このような認知状況のもとで3つの実験を行い,カテゴリー不確実性における消費者の情報処理モードは,シングルカテゴリー信念の駆動によるものであることを明らかにしている。しかし,その一方で2人以上の登場人物を考えることのメリットを被験者に明示することで,マルチプルカテゴリー信念が駆動することも明らかにしている。

　Ross and Murphy (1996) では,カテゴリー不確実性の程度によって,シングルカテゴリー信念がマルチプルカテゴリー信念に変化しないことを明らかにしている。しかし,その一方で,被験者が駆動するカテゴリースキ

---

[2] 本書においても,シングルカテゴリー信念に基づいた研究に対して,マルチプルカテゴリー信念に基づいた研究として本章が位置づけられている。

ーマと調査項目の関係性からマルチプルカテゴリー信念が駆動することを明らかにしている。

　Murphy and Ross (1999) では，ある対象に適切な2つのカテゴリースキーマを事前かつ明確に被験者に与えてやることで，マルチプルカテゴリー信念を駆動させることができることを明らかにしている。

　Hayes and Newell (2009) では，被験者にある対象をカテゴライゼーションさせる課題を与え，その課題に失敗すると被験者が損失を被ることを条件とした場合，損失が発生するリスクを回避しようと，被験者がマルチプルカテゴリー信念を駆動させることを明らかにしている。

　このようにカテゴリー不確実性における消費者の情報処理モードにおいては，シングルカテゴリー信念の駆動に主眼が置かれつつも，いかにマルチプルカテゴリー信念を駆動させるかということが常に副次的に考えられている。ここで留意されたいのは，これまでの先行研究では，すべて何かしらの統制（刺激）によってのみマルチプルカテゴリー信念が検証されてきたということである。つまり，自然な認知状態の被験者は，すべてシングルカテゴリー信念を駆動させていることが前提として考えられている。しかし，前章の分析結果で明らかになったように，階層的認知構造の基礎レベルで，機能性飲料でも炭酸飲料でもない曖昧な製品カテゴリースキーマを駆動させている消費者が多数いることが明らかになった。そこで，本章では，統制（刺激）のない自然な認知状態でも，マルチプルカテゴリー信念を駆動させている消費者がいることを検討する。

1.2 認知欲求

　ここで，マルチプルカテゴリー信念を駆動させる消費者の特徴について，1つ検討しておきたいことがある。マルチプルカテゴリー信念とは，2つ以上の製品カテゴリースキーマが駆動する情報処理モードである（Murphy and Ross 1994）。つまり，シングルカテゴリー信念と比較して，より多くの製品カテゴリーを考慮しているということである。さらに，その結果

として,サブカテゴリー化を促進させることも経験的に検証されている（Rajagopal and Burnkrant 2009）。このような情報処理モードは,より多くの認知努力を必要とする（Sujan 1985）。そのため,カテゴリー不確実性においてマルチプルカテゴリー信念を駆動させる消費者は,シングルカテゴリー信念を駆動させる消費者よりも認知欲求（need for cognition）の水準が,そもそも高いと考えられる。第6章でも述べたとおり,認知欲求とは,消費者個人の認知的特性であり,努力を要する認知活動に従事したり,それを楽しむ消費者の内発的な傾向のことを捉える概念である（Cacioppo and Petty 1982; Cacioppo, Petty and Morris 1983; Petty and Cacioppo 1986）。

2　リサーチ・デザイン

2.1　分析対象と調査対象者

本章では,カテゴリー不確実な拡張製品に対する消費者の情報処理モードにマルチプルカテゴリー信念を駆動させている消費者がいることを明らかにするため,前章と同様の分析対象である「アクエリアス・スパークリング」（以下,AS）を含む調査対象 $J=10$ ブランドを用いている。

調査対象者は,全国の18～53歳の男女より,分析対象となるASの購買・消費経験がなく,製品そのものを認知していない消費者200人（男性：82人,女性：118人）をインターネット調査によってランダム・サンプリング抽出したものである（2011年2月実施）。調査対象者の抽出条件は,前章と同様である。

2.2　測定項目1：直交配置によるコンジョイントカード

本分析では,先述の $J=10$ ブランドを用いて,コンジョイントデザインによる調査設計を行っている。ASを除く9ブランドに対して直交配置を

表9.1 コンジョイントデザインによるカテゴリー不確実性の構造

Card No.	スプライトゼロ	三ツ矢サイダーオールゼロ	大人のキリンレモン	メッツ(Mets)	ヌーダ(NUDA)	アクエリアススパークリング	スーパーH2O	アミノサプリ	DAKARA	ポカリスエット
1	0	1	0	0	1	1	1	1	0	1
2	1	1	0	0	0	1	1	0	1	0
3	0	1	1	1	1	1	1	0	0	0
4	0	0	1	1	0	1	1	1	1	0
5	1	1	1	1	1	1	0	1	1	1
6	1	0	1	0	1	1	0	1	0	0
7	1	0	1	0	1	1	1	0	1	1
8	1	0	0	1	1	1	0	1	1	0
9	1	1	1	1	1	1	1	1	1	1
10	0	0	0	1	1	1	0	0	1	1
11	1	1	0	0	1	1	0	1	1	1
12	0	1	1	1	1	1	1	1	0	0
13	1	1	1	1	1	0	0	0	0	0
14	0	0	0	0	0	0	1	1	1	1

（注） 1：製品ラインナップとして採用，0：製品ラインナップとして不採用。

行い，一次同時関係が構成される12種類のコンジョイントカードを生成している。そして，各コンジョイントカードには，必ずハイブリッド製品であるASを含むようにした。

さらに，これらのコンジョイントカードに加えて，炭酸飲料カテゴリーのブランドからのみ構成されるものと，機能性飲料カテゴリーのブランドからのみ構成されるものを追加生成している。そして，消費者はこれら合計14種類のコンジョイントカードに対して，それぞれの製品ラインナップ（商品棚に各ブランドが陳列されている写真）が，どれくらい炭酸飲料カテゴリーの商品棚として知覚することができるかを100パーセント満点で回答してもらっている（表9.1）。

2.3 測定項目2：カテゴライゼーションとサブカテゴリー化

次に，ハイブリッド製品である AS を炭酸飲料カテゴリーとしてカテゴライゼーションしたのか，機能性飲料カテゴリーとしてカテゴライゼーションしたのかを明らかにするために，どちらが AS にとって適切な製品カテゴリーであるかを，「炭酸飲料だと思う」または「機能性飲料だと思う」の2値で測定している。カテゴライゼーションに関する測定項目は，Moreau, Markman and Lehmann（2001）を参考にした。

さらに，ハイブリッド製品である AS を炭酸飲料カテゴリーのもとでサブカテゴリー化したのか，機能性飲料カテゴリーのもとでサブカテゴリー化したのかを明らかにするために，AS は，それぞれの製品カテゴリーに存在する一般的な製品とは異なった知覚をされるかを，それぞれの製品カテゴリーに対して「はい」か「いいえ」の2値で測定している。サブカテゴリー化に関する測定項目は，Sujan and Bettman（1989）を参考にした。

2.4 測定項目3：製品信念とカテゴリー信念

製品信念は，前章の実証分析2と同様のものを用いた。すなわち，製品信念として炭酸飲料カテゴリーに関する認知要素10項目，機能性飲料カテゴリーに関する認知要素10項目，$K=20$ 項目を製品信念として採用し，「あてはまる〜あてはまらない」までの5点リッカート尺度によって測定している（114頁の表8.1参照）。

加えて，本分析では，炭酸飲料と機能性飲料カテゴリーに対する一般的な「カテゴリー信念（categorical beliefs）」を別途測定している。カテゴリー信念とは，当該製品カテゴリーに対して消費者が形成している信念のことである。カテゴリー信念は，合計 $Z=10$ 項目を採用し，「あてはまる〜あてはまらない」までの5点リッカート尺度によって測定している（表9.2）。

表9.2 カテゴリー信念

測定項目	認知要素の種類
炭酸飲料は，カラダやココロを切り替えたいときに飲む飲料である	炭酸飲料カテゴリー
炭酸飲料は，ストレスを解消したいときに飲む飲料である	
炭酸飲料は，集中力を高めたいときに飲む飲料である	
炭酸飲料は，ダイエットをしたいときに飲む飲料である	
炭酸飲料は，リラックスしたいときに飲む飲料である	
機能性飲料は，疲労を回復したいときに飲む飲料である	機能性飲料カテゴリー
機能性飲料は，体調を管理したいときに飲む飲料である	
機能性飲料は，水分補給したいときに飲む飲料である	
機能性飲料は，カラダやココロのコンディションを保ちたいときに飲む飲料である	
機能性飲料は，脂肪を燃焼させたいときに飲む飲料である	

2.5　測定項目4：認知欲求

そして，先述したように，マルチプルカテゴリー信念を駆動させた消費者を明らかにするために，消費者の認知欲求についても測定を行う。マルチプルカテゴリー信念は，より多くの認知努力を必要とすることから，認知欲求の水準が高い消費者に特有の情報処理モードであることが考えられる。そこで，Cacioppo and Petty（1982）によって試みられた認知欲求に関する尺度化を日本版に再構成した神山・藤原（1991）の日本版認知欲求尺度15項目について，「非常にそうである～全くそうでない」までの7点リッカート尺度によって測定している（表9.3）。

2.6　モ デ ル

本項では，コンジョイントデザインによって測定された製品ラインナップに対する評価データを用いて，消費者個人レベルのカテゴライゼーションを明らかにする分析アプローチについて詳述する。

データは，飲料カテゴリー k ($k=1, ..., K$, $K=10$) ブランドから構成さ

表 9.3 認 知 欲 求

測定項目
あまり考えなくてよい課題よりも，頭を使う困難な課題の方が好きだ
かなり頭を使わなければ達成されないようなことを目標にすることが多い
課題について必要以上に考えてしまう
新しい考え方を学ぶことにはあまり興味がない（R）
一生懸命考え，多くの知的な努力を必要とする重要な課題を成し遂げることに特に満足を感じる
必要以上には考えない（R）
一度覚えてしまえばあまり考えなくてもよい課題が好きだ（R）
長時間一生懸命考えることは苦手な方である（R）
考えることは楽しくない（R）
深く考えなければならないような状況は避けようとする（R）
自分が人生で何をすべきかについて考えるのは好きではない（R）
常に頭を使わなければ満足できない
自分の人生は解決しなければならない難問が多い方がよい
簡単な問題よりも複雑な問題の方が好きだ
問題の答えがなぜそうなるのかを理解するよりも，単純に答えだけを知っている方がよい（R）

（注）（R）は反転項目。

れた j（$j=1, ..., J$，$J=14$）種類のコンジョイントカード（デザイン行列）X に対して，それぞれの製品ラインナップが，どの程度炭酸飲料の商品棚として知覚できるかを消費者に 100 パーセント満点 y で回答してもらったものである。以上より，下記のような回帰方程式に定式化することができる（式 9.1）。

$$y_i = X\beta_i + \varepsilon_i, \quad \varepsilon_i \sim N_J(0, \sigma_i^2 I_J) \qquad (9.1)$$

ただし，$y_i = (y_{i1}, ..., y_{iJ})'$，$\varepsilon_i = (\varepsilon_{i1}, ..., \varepsilon_{iJ})'$ であり I_J は $J \times J$ の単位行列である。また，$N_J(0, \sigma_i^2 I_J)$ は，平均 0（J 次元の 0 ベクトル），分散 $\sigma_i^2 I_J$ の J 次元多変量正規分布を示す。本分析では，コンジョイントデザインを用いていることから，消費者 i ごとに $\beta_i = (\beta_{i1}, ..., \beta_{iJ})'$ を推定することができる。

ここで推定される β_i とは,ブランド k が炭酸飲料カテゴリーらしさを規定するカテゴリーメンバーシップ値に相当する（Trujillo 2008; Viswanathan and Childers 1999）。つまり,炭酸飲料カテゴリーに対するブランド k のカテゴリーメンバーシップ値を消費者 i ごとに推定していくことになる。

さらに,本分析では,推定される β_i に影響を及ぼす説明変数を設定することによって,消費者 i のカテゴリーメンバーシップ値 β_i を規定している周辺的な要因をコントロール変数として用い,より高い精度でブランド k に対する消費者 i のカテゴライゼーションを推定することを可能とする。このような分析アプローチに対して,本分析では MCMC 法による階層コンジョイント分析を行っていく。消費者 i のカテゴライゼーションに影響を及ぼす周辺的な要因としてのハイパーパラメータには,ブランド k のカテゴリーメンバーシップ値を規定する切片項や消費者 i の性別,年齢,そして飲料カテゴリーに対する一般的なカテゴリー信念を用いる（式 9.2）。

$$\beta_i = \Gamma' z_i + u_i, \quad u_i \sim N_K(0, V) \qquad (9.2)$$

ここで,$N_K(0, V)$ は,平均 0（K 次元の 0 ベクトル）,分散 V の K 次元多変量正規分布を示す。また Γ の事前分布は行列正規分布となっている。そして式（9.2）では,消費者 i の性別,年齢,そして飲料カテゴリーに対するカテゴリー信念を z_i としてベクトル化している。このようにハイパーパラメータを設定することによって,消費者 i のブランド k に対するカテゴリーメンバーシップ値を規定している,全体としてのブランド k のカテゴリーメンバーシップ値が明らかになり,さらには消費者 i の性別や年齢によって,どのようにブランド k のカテゴリーメンバーシップ値が変化するのか,どのようなカテゴリー信念が消費者 i のブランド k に対するカテゴリーメンバーシップ値に影響を及ぼしているのかを明らかにすることができる。ただし,本分析においてハイパーパラメータを設定している意図は,このような考察を可能とするためのものではなく,むしろ消費者 i のブランド k に対するより正確なカテゴリーメンバーシップ値を推定す

るためのコントロール変数としての役割が大きいことにご留意いただきたい。

以上より，2つの式をまとめると，以下のようなモデルとなる（式9.3）。

$$\begin{cases} y_i = X\beta_i + \varepsilon_i, & \varepsilon_i \sim N_J(0, \sigma_i^2 I_J) \\ \beta_i = \Gamma' z_i + u_i, & u_i \sim N_K(0, V) \end{cases} \quad (9.3)$$

3 分析結果

3.1 消費者個人レベルの情報処理モード

表9.4は，消費者iのブランドkに対するカテゴリーメンバーシップ値となっている。このようにコンジョイントデザインを用いることによって，ブランドkに対する消費者iの情報処理モード（カテゴリーメンバーシップ値）を明らかにすることができる。たとえば，ASに関して，消費者1は機能性飲料としてカテゴライゼーションしている傾向が強く，消費者2は炭酸飲料としてカテゴライゼーションしている傾向が強いことがわかる。

また表9.5は，コントロール変数としてのハイパーパラメータの推定結果である。ブランドkのカテゴリーメンバーシップ値を規定する切片項としては，大人のキリンレモン，三ツ矢サイダーオールゼロ，メッツ（Mets）の順番に炭酸飲料カテゴリーのエグゼンプラーとして，これらのブランドが存在していることが明らかになった。また反対に，ポカリスエット，アミノサプリの順番に機能性飲料カテゴリーのエグゼンプラーとして，これらのブランドが存在していることが明らかになった。つまり，これらのブランドが各カテゴリーのエグゼンプラーとしての役割を果たしているため，両カテゴリー属性が1つに集約されたハイブリッド製品であるASに対する消費者のカテゴライゼーションは，カテゴリー不確実性が高くな

表9.4 カテゴリーメンバーシップ値 β

ID	スプライトゼロ	三ツ矢サイダーオールゼロ	大人のキリンレモン	メッツ (Mets)	ヌーダ (NUDA)	アクエリアススパークリング	スーパーH2O	アミノサプリ	DAKARA	ポカリスエット
1	0.138	3.600	1.723	0.224	1.554	−1.701	−0.235	−0.771	3.812	0.186
2	0.742	2.599	0.382	1.046	2.230	5.154	−0.519	−6.882	0.182	−2.424
3	2.631	1.086	0.724	1.379	0.456	−1.269	2.137	−0.061	0.525	2.173
4	1.736	1.396	−0.220	2.346	0.089	4.686	0.202	−1.732	−2.696	−3.010
5	4.427	2.512	3.186	1.874	2.816	−4.516	−1.706	−1.082	−2.084	−2.406
6	0.436	2.401	0.378	0.094	1.251	−0.966	2.219	1.095	−0.199	1.091
7	0.148	2.710	2.756	2.730	1.385	0.631	−2.017	−1.995	−0.692	−3.284
8	1.482	−0.203	1.047	−0.186	1.713	4.847	−1.927	−2.507	−2.535	−2.254
9	3.431	4.097	3.452	1.463	0.144	−1.011	−0.808	0.508	−3.458	−2.814
10	1.636	−1.088	1.368	2.951	2.418	−3.514	−0.568	0.402	1.041	1.374
⋮	⋮	⋮	⋮	⋮	⋮	⋮	⋮	⋮	⋮	⋮
200	2.782	4.435	2.829	0.882	−0.466	0.934	−0.664	−0.339	−2.302	−1.699
	1.231	*1.459*	*1.385*	*1.478*	*0.932*	*−0.128*	*−0.430*	*−0.445*	*−0.571*	*−0.635*

(注) イタリック:事後平均値。

表9.5 ハイパーパラメータ γ:コントロール変数

切片項, 性別, 年齢

	切片	性別	年齢
スプライトゼロ	1.581	−0.047	−0.117
三ツ矢サイダーオールゼロ	5.461***	0.460**	−1.185**
大人のキリンレモン	6.371***	0.088	−1.412**
メッツ (Mets)	3.804**	0.039	−0.622
ヌーダ (NUDA)	−1.342	−0.138	0.672
アクエリアススパークリング	−1.146	0.526	0.024
スーパーH2O	−2.880	−0.278	0.735
アミノサプリ	−3.965**	−0.106	0.985
DAKARA	−2.790	−0.027	0.649
ポカリスエット	−5.221**	−0.068	1.351**

炭酸飲料カテゴリー信念

	カラダやココロを切り替える	ストレスを解消する	集中力を高める	ダイエットをする	リラックスする
スプライトゼロ	0.152	−0.224	−0.061	0.057	0.194
三ツ矢サイダーオールゼロ	−0.002	0.227	0.058	−0.037	−0.057
大人のキリンレモン	0.151	−0.143	−0.079	0.222	−0.075
メッツ (Mets)	0.251	−0.028	0.040	−0.125	−0.065
ヌーダ (NUDA)	0.198	−0.132	−0.190	0.140	0.146
アクエリアススパークリング	−0.152	0.231	−0.068	−0.234	0.235
スーパーH2O	−0.236	0.356	−0.210	−0.210	−0.034
アミノサプリ	−0.161	0.197	−0.037	−0.008	−0.117
DAKARA	−0.039	0.046	0.193	−0.183	−0.309**
ポカリスエット	0.154	0.046	−0.144	−0.156	−0.117

機能性飲料カテゴリー信念

	疲労を回復する	体調を管理する	水分補給する	コンディションを維持する	脂肪を燃焼させる
スプライトゼロ	0.075	−0.099	0.067	−0.147	−0.002
三ツ矢サイダーオールゼロ	0.153	−0.063	0.079	−0.064	−0.044
大人のキリンレモン	0.254	−0.239	0.233	0.001	−0.106
メッツ (Mets)	−0.210	0.149	−0.019	−0.051	0.249
ヌーダ (NUDA)	−0.206	0.067	−0.188	0.087	0.045
アクエリアススパークリング	0.457	−0.282	0.180	−0.288	−0.376
スーパーH2O	−0.051	0.202	0.078	0.119	0.324**
アミノサプリ	0.027	0.055	−0.076	0.021	−0.072
DAKARA	−0.018	0.206	−0.097	0.314	−0.018
ポカリスエット	−0.008	0.306	−0.428**	−0.006	0.357

(注) *:10%, **:5%, ***:1%。

っていることがわかる。

3.2 カテゴリー不確実な拡張製品に対するマルチプルカテゴリー信念

　前項までは，コンジョイントデザインを用いることで，ハイブリッド製品を含むブランドkに対して，消費者iごとのカテゴライゼーションが推定できることを示してきた。しかし，先述した推定結果に基づく考察は，本分析が目指すべきものではない。本分析の目的は，ハイブリッド製品であるASに対する消費者の情報処理モードを明らかにしていくことである。

　ここで，カテゴリー不確実性における消費者の情報処理モードには，シングルカテゴリー信念とマルチプルカテゴリー信念の2つがあることを思い出していただきたい。シングルカテゴリー信念とは，消費者がカテゴリー不確実性を回避するために，あえてカテゴリー不確実な認知状態の原因となる他のカテゴリーを無視しようとした結果，単一のカテゴリー内で当該製品を位置づけようとする情報処理モードのことである。その一方で，マルチプルカテゴリー信念とは，消費者がより多くの認知努力を費やし，当該製品に対する認知的精緻化を図ろうとする情報処理モードのことである。

　本分析では，消費者iごとに推定されたブランドkに対するカテゴリーメンバーシップ値から，消費者iごとに算出される残差平方和（RSS: residual sum of squares）を認知的精緻化の程度の指標とする。つまり，残差平方和が小さければ認知的精緻化を促進させた指標となり，逆に残差平方和が大きければ，それだけ認知的精緻化が促進されなかったことを示す指標となる。すなわち，認知的精緻化を促進させた結果として，残差平方和の値が小さくなる消費者iは，より多くの認知努力を要して，マルチプルカテゴリー信念を駆動させた可能性があると考える。反対に，残差平方和の値が大きくなる消費者iは，シングルカテゴリー信念によるカテゴライゼーションを駆動させた可能性が考えられる。表9.6は，消費者iごとに算出された残差平方和である。

表 9.6 消費者 i の認知的精緻化の程度

ID	RSS
1	1825.776
2	1561.913
3	1649.591
4	1542.503
5	1338.343
6	1681.366
7	1412.069
8	1556.969
9	1347.875
10	1669.427
⋮	⋮
200	1387.114

（注） RSS：残差平方和。

そして，算出された残差平方和をもとに，その値が小さい消費者 50 人と，大きい消費者 50 人を抽出した。つまり，認知的精緻化を促進させた消費者 50 人と，相対的に認知的精緻化が促進されなかった消費者 50 人を抽出したことになる。

シングルカテゴリー信念 vs. マルチプルカテゴリー信念

ここでは，残差平方和が小さい消費者 50 人がマルチプルカテゴリー信念を駆動させたかを確認する。製品信念に関するデータを用い，AS が潜在的にカテゴライゼーションされる炭酸飲料と機能性飲料カテゴリーのそれぞれの製品信念に対する能動化の程度を検証することによって，マルチプルカテゴリー信念の駆動を確認していきたい。

そこで，炭酸飲料カテゴリーに関する製品信念 10 項目と機能性飲料カテゴリーに関する製品信念 10 項目に対して信頼性分析を行った。その結果，それぞれの飲料カテゴリーに関する製品信念に，十分な信頼性を確認

図9.1 製品信念：シングルカテゴリー信念 vs. マルチプルカテゴリー信念

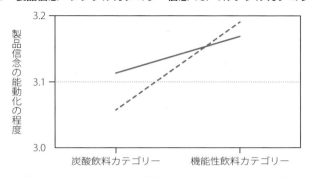

(注) 実線：RSS が小さい消費者（マルチプルカテゴリー信念）。
　　 破線：RSS が大きい消費者（シングルカテゴリー信念）。

することができた（$\alpha_{炭酸飲料}=0.894, \alpha_{機能性飲料}=0.868$）。以上より，消費者 i ごとに各飲料カテゴリーに関する製品信念のスコアを平均化し，炭酸飲料と機能性飲料カテゴリーに関する製品信念の能動化に差異があるかを確認した。

　その結果，2つの飲料カテゴリーに関する製品信念の能動化に有意差を確認することができなかった（$M_{炭酸飲料}=3.114$ vs. $M_{機能性飲料}=3.168, t=-0.959, p>.1$）。つまり，2つの飲料カテゴリーに関する製品信念の能動化に有意差がないことから，認知的精緻化を促進させた消費者は，マルチプルカテゴリー信念を駆動させていることを確認することができた（**仮説3-1** の支持）。

　反対に，残差平方和が大きい消費者50人が，シングルカテゴリー信念を駆動させたかを同様の方法で確認した（$\alpha_{炭酸飲料}=0.881, \alpha_{機能性飲料}=0.872$）。その結果は，2つの飲料カテゴリーに関する製品信念の能動化に有意差を確認することができた（$M_{炭酸飲料}=3.058$ vs. $M_{機能性飲料}=3.190, t=-2.857, p<.01$）。つまり，2つの飲料カテゴリーに関する製品信念の能動化に有意差があるということは，認知的精緻化をあまり促進させなかった消費者は，シングルカテゴリー信念（機能性飲料カテゴリー）を駆動させているということで

ある。このことからも，残差平方和が小さい消費者は，マルチプルカテゴリー信念を駆動させ，認知的精緻化を促進させた結果，残差平方和が小さくなっていることを改めて確認することができた（図9.1）。

認知欲求

次に，マルチプルカテゴリー信念を駆動させている消費者の残差平方和が小さくなっている理由が，より多くの認知努力を投入していることによって認知的精緻化を試みた結果であることを確かめるために，シングルカテゴリー信念を駆動させた消費者とマルチプルカテゴリー信念を駆動させた消費者の認知欲求の水準を検証する。先述のように，認知欲求に関する測定は，Cacioppo and Petty（1982）によって試みられた尺度化を日本版に再構成した，神山・藤原（1991）の日本版認知欲求尺度15項目を使用している。神山・藤原（1991）で検証されたように，15測定項目から構成される尺度の信頼性分析を行ったところクロンバック $\alpha=0.883$ と十分な信頼性を確認することができた。

以上より，消費者 i の認知欲求のスコアを平均化し，シングルカテゴリー信念の場合とマルチプルカテゴリー信念の場合とで認知欲求の水準に差異があるかを確認した。その結果，これらの消費者の間には認知欲求の水準に有意差を確認することができた（$M_{マルチプル}=3.761$ vs. $M_{シングル}=3.486$, $t=1.701$, $p<.1$）。

つまり，認知的精緻化を促進させ，マルチプルカテゴリー信念を駆動させている消費者のほうが，シングルカテゴリー信念を駆動させている消費者よりも認知欲求の水準が高いことが明らかになった。このことからも理解できるように，残差平方和が小さい消費者は，より多くの認知努力を費やし，認知的精緻化を図ろうとマルチプルカテゴリー信念を駆動させていることを改めて支持する結果となった（図9.2）。

図9.2　認知欲求の水準：シングルカテゴリー信念 vs. マルチプルカテゴリー信念

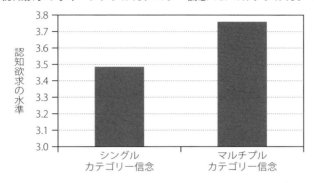

カテゴライゼーション

　次に，マルチプルカテゴリー信念を駆動させる消費者は，シングルカテゴリー信念を駆動させる消費者よりもハイブリッド製品をよりサブカテゴリー化することを明らかにする。本分析では，Moreau, Markman and Lehmann（2001）によって開発されたカテゴライゼーションの駆動を確かめる測定項目と，Sujan and Bettman（1989）によって開発されたサブカテゴリー化の駆動を確かめる測定項目の両方を使用し，マルチプルカテゴリー信念を駆動させている消費者がハイブリッド製品をサブカテゴリー化していることを検証する。

　最初に，Moreau, Markman and Lehmann（2001）によって開発された測定項目を使用し，マルチプルカテゴリー信念を駆動させている消費者とシングルカテゴリー信念を駆動させている消費者との間で，ハイブリッド製品に対するカテゴライゼーションが異なることを検証する。つまり，サブカテゴリー化を検証するためには，まず階層的認知構造の基礎レベルで能動化する製品カテゴリースキーマを確かめておく必要があるため，ここではカテゴライゼーションに関する検証を行っている。カテゴライゼーションに関する測定項目は，ASにとって適切な製品カテゴリーは炭酸飲料カテゴリーか機能性飲料カテゴリーかを回答してもらっている。そして，こ

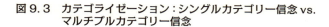

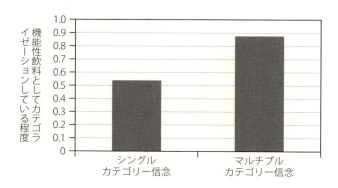

図9.3 カテゴライゼーション:シングルカテゴリー信念 vs. マルチプルカテゴリー信念

れらの回答に対してマルチプルカテゴリー信念を駆動させている消費者とシングルカテゴリー信念を駆動させている消費者との間で有意差検定を行った。その結果,マルチプルカテゴリー信念を駆動させている消費者は,ASを機能性飲料カテゴリーにカテゴライゼーションしていることがわかった($M_{マルチプル}=0.880$ vs. $M_{シングル}=0.540$, $t=4.000$, $p<.1$;図9.3)。

サブカテゴリー化

次に,Sujan and Bettman(1989)によって開発されたカテゴライゼーションの駆動を確かめる測定項目を使用し,マルチプルカテゴリー信念を駆動させている消費者とシングルカテゴリー信念を駆動させている消費者との間でASに対するサブカテゴリー化が異なることを検証する。つまり,期待される結果は,マルチプルカテゴリー信念を駆動させている消費者は,階層的認知構造の基礎レベルでASを機能性飲料カテゴリーとしてカテゴライゼーションしているため,下位レベルでは一般的な炭酸飲料カテゴリーの製品とは異なる製品としてASを認識するということである。なぜならば,マルチプルカテゴリー信念を駆動させている消費者は,ASを炭酸飲料ではなく機能性飲料カテゴリーにカテゴライゼーションしているから

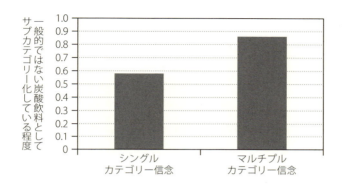

図9.4　サブカテゴリー化：シングルカテゴリー信念 vs. マルチプルカテゴリー信念

である。

　サブカテゴリー化に関する測定項目は，ASは一般的な炭酸飲料カテゴリーの製品と同じように思えるかどうか，または一般的な機能性飲料カテゴリーの製品と同じように思えるかどうかを回答してもらっている。これらの回答に対して，マルチプルカテゴリー信念を駆動させている消費者とシングルカテゴリー信念を駆動させている消費者との間で有意差検定を行った。その結果，マルチプルカテゴリー信念を駆動させている消費者は，ASを一般的ではない炭酸飲料カテゴリーとしてサブカテゴリー化していることが明らかになった（$M_{マルチプル}=0.860$ vs. $M_{シングル}=0.580$, $t=3.249$, $p<.01$；図9.4；**仮説 3-2** の支持）[3]。

---

3)　さらに本検証結果を支持する内容の結果として，機能性飲料としてのサブカテゴリー化に関する検証結果には，マルチプルカテゴリー信念を駆動させている消費者とシングルカテゴリー信念を駆動させている消費者との間で有意差は確認されなかった（$M_{マルチプル}=0.420$ vs. $M_{シングル}=0.460$, $t=0.399$, $p>.1$）。

4 まとめ
▶ 実証分析3の貢献と今後の研究課題

　本章では，カテゴリー不確実な拡張製品に対する消費者の情報処理モードには，マルチプルカテゴリー信念を駆動させる可能性があることに注目し，マルチプルカテゴリー信念を駆動させる消費者は，シングルカテゴリー信念を駆動させる消費者よりも認知欲求の水準が高いことを明らかにした（仮説3-1）。また，マルチプルカテゴリー信念を駆動させる消費者は，シングルカテゴリー信念を駆動させる消費者よりも，カテゴリー不確実な拡張製品を，よりサブカテゴリー化しているということも明らかにした（仮説3-2）。

　本章の貢献は，何よりも統制（刺激）がない認知状態でも，マルチプルカテゴリー信念を駆動させている消費者がいることを示したことである。また，そのような消費者は認知欲求の水準が，シングルカテゴリー信念を駆動させる消費者よりも高いということを示したことも貢献である。加えて，このような考察に至ることができた理由として，リサーチ・デザインの工夫がある。本章では，カテゴリー不確実性を測定するためにコンジョイントデザインを用いることで，消費者個人レベルの各ブランドに対するカテゴリーメンバーシップ値を推定することができた。さらに，消費者個人ごとに推定されたカテゴリーメンバーシップ値から，消費者の認知的精緻化の程度を示す指標として残差平方和を算出することで，マルチプルカテゴリー信念を駆動させている消費者を特定することができたのである。

　前章と本章より，カテゴリー不確実な拡張製品に対する消費者の情報処理モードには，シングルカテゴリー信念とマルチプルカテゴリー信念があることが明らかになったわけだが，単に異なる情報処理モードを駆動させる消費者がいることを明らかにするだけでは，その学術的貢献が限定的になっていると言わざるをえない。より幅広い研究分野への貢献，マーケテ

ィングへの応用可能性を目指すのであれば，このような消費者の情報処理モードの多様性をどのようにマネジメントすればいいのか，もしくは外部マーケティング資源として活用していけばいいのかを検討していくことが今後の研究課題である。そこで，次章からは，消費者の情報処理モードの多様性に注目して，本書の大目的である消費者行動研究の成果をマーケティングに応用する一例を示していきたい。

第 **10** 章

製品拡張における
プロパティ・プライミング効果

はじめに

　前章までは，カテゴリー不確実な拡張製品に対して，「シングルカテゴリー信念」と「マルチプルカテゴリー信念」による消費者の情報処理モードを明らかにしてきた。前章では，カテゴリー不確実な拡張製品に対する消費者の情報処理モードを明らかにするために，消費者の情報処理モードに統制（刺激）を加えずに，自然な認知状態でも，マルチプルカテゴリー信念を駆動させている消費者の存在を明らかにしてきた。しかし，いくらシングルカテゴリー信念とマルチプルカテゴリー信念のそれぞれを駆動させる消費者がいることが明らかになっても，単純にそれぞれの消費者に対して個別のマーケティング戦略を考えることにとどまってしまえば，消費者行動研究の成果をマーケティングに応用しているとは言いきれない。それぞれの消費者セグメントに個別のマーケティング戦略を設計するということは，それだけマーケティング・コストがかさむということである。

　そこで，本章では，前章で今後の研究課題として挙げられていた消費者の情報処理モードの多様性をマネジメントし，外部マーケティング資源とする具体的な方法として，「プロパティ・プライミング」に注目する[1]。本章では，プロパティ・プライミング（刺激）によって，多様な消費者の情報処理モードをマルチプルカテゴリー信念へと収束させる，以下4つの仮説を明らかにする。1つは，プロパティ・プライミングに接触した消費者は，接触していない消費者よりも，よりマルチプルカテゴリー信念を駆動させていることを検証することである（仮説4-1）。次に，プロパティ・プライミングに接触した消費者は，接触していない消費者よりも，より認知的精緻化を促進させ（仮説4-2），よりサブカテゴリー化を駆動させている（仮説4-3）ことを検証する。そして，以上の仮説が検証できたならば，プロパティ・プライミングに接触した消費者は，接触していない消費者よりも階

1）　プロパティ・プライミングの詳細については，第5章1節を参照。

層的認知構造の基礎レベルにおいて，頭部カテゴリーを駆動させていることも検証する（**仮説 4-4**）。

1 リサーチ・デザイン

1.1 分析対象と調査対象者

本章では，拡張製品に対する消費者の情報処理モードにプロパティ・プライミングが及ぼす影響を明らかにするため，再び前章と同様の調査対象 $J=10$ ブランドを用いる。

調査対象者は，全国の 18～53 歳の男女より分析対象となる「アクエリアス・スパークリング」（以下，AS）の購買・消費経験がなく，製品そのものを認知していない消費者 200 人（男性：85 人，女性：115 人）をインターネット調査によってランダム・サンプリング抽出したものである（2011 年 2 月実施）。調査対象者の抽出条件は，前章と同様である。

1.2 統制デザイン

本項では，次節以降の実験に用いる統制（プロパティ・プライミング）について詳述する。Rajagopal and Burnkrant（2009）では，言語心理学で用いられているプロパティ・プライミングを参考に，そのままの事例を統制デザインに組み込んでいる。経験的に検証されてきたプロパティ・プライミングであるため，Rajagopal and Burnkrant（2009）と同様のプロパティ・プライミングを統制に用いることで，被験者に対してより確実な統制を設けることができる。しかし，あくまでも人工的に設計されてきた言語心理学におけるプロパティ・プライミングを用いることは，現実のマーケティング戦略への適用可能性に疑問の余地を残してしまうと判断した。そこで本実験では，現実に存在するハイブリッド製品を収集し，それらのハイブリ

表 10.1 プロパティ・プライミングによる統制デザイン

ハイブリッド製品	修飾カテゴリー		頭部カテゴリー
ブラックベリー	PDA	→	携帯電話
ボールド	柔軟剤	→	洗剤
ソフトインワン	コンディショナー	→	シャンプー
カラーワックス	ヘアカラーリング	→	ヘアスタイリング
スイーツガム	ソフトキャンディー	→	ガム

(注) 矢印 (→) は修飾カテゴリーと頭部カテゴリーの係り受け関係を示している。

ッド製品に存在するカテゴリー属性を頭部カテゴリーと修飾カテゴリーの関係性に再設計し,プロパティ・プライミングの統制デザインを行った。

本実験で用いたプロパティ・プライミングは,以下5つのハイブリッド製品に関するものである[2](表10.1)。1つめは,NTTドコモから発売されているブラックベリーである。ブラックベリーは,PDAと携帯電話の機能が1つに集約されたハイブリッド製品である。2つめは,P&G(Procter & Gamble)から発売されているボールドである。ボールドは,柔軟剤と洗剤が1つの製品に集約されたものである。3つめは,ライオンから発売されているソフトインワンである。ソフトインワンは,コンディショナーとシャンプーが1つに集約されたものである。4つめは,マンダムから発売されているカラーワックスである。カラーワックスは,ヘアカラーリング剤とヘアスタイリング剤が1つに集約されたものである。そして5つめは,明治製菓(Meiji)のスイーツガムである。スイーツガムは,ソフトキャンディーとガムが1つに集約されたものである。

本実験では,それぞれのハイブリッド製品の画像と第1番目の製品カテ

---

[2] 統制となったハイブリッド製品は,本実験が実施された2011年2月に発売されていたものであり,現在は販売が終了となっているものや,今日においてはハイブリッド製品とは考えにくいものもある。

ゴリーを修飾カテゴリー，第2番目の製品カテゴリーを頭部カテゴリーとした文章に被験者を接触させ，統制を実施した。

2 実　験

本実験の測定項目は，すべて前章と同様である。つまり，前章の被験者を統制群，本章の被験者を実験群（プロパティ・プライミングへの接触あり）とした実験デザインとなっている。

2.1 操作確認

最初に，プロパティ・プライミングに接触した被験者がマルチプルカテゴリー信念を駆動させたかどうかの操作確認（manipulation check）を行う。前章と同様にASに関する製品信念の能動化の程度が，炭酸飲料カテゴリーと機能性飲料カテゴリーとの間で有意差がないことを確認する。

ASに関する製品信念のうち，炭酸飲料カテゴリーに関する製品信念10項目と，機能性飲料カテゴリーに関する製品信念10項目に対して信頼性分析を行った。その結果，それぞれのカテゴリーに関する製品信念とも，十分な信頼性を確認することができた（$\alpha_{炭酸飲料}=0.854$, $\alpha_{機能性飲料}=0.868$）。以上より，消費者iに対して各飲料カテゴリーに関する製品信念を平均化し，炭酸飲料と機能性飲料カテゴリーに関する製品信念の能動化に差異があるかを確認した。その結果，図10.1に示すように，2つの飲料カテゴリーに関する製品信念の能動化に有意水準95％で有意差を確認することができなかった（$M_{炭酸飲料}=3.046$ vs. $M_{機能性飲料}=3.156$, $t=-1.708$, $p>.05$）。つまり，プロパティ・プライミングによって，マルチプルカテゴリー信念を駆動させているということである（**仮説 4-1** の支持）。

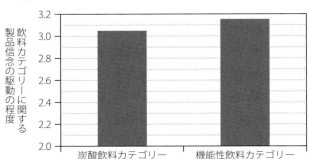

図 10.1　マルチプルカテゴリー信念の駆動（実験群）

2.2　プロパティ・プライミングによるマルチプルカテゴリー信念

　前項では，プロパティ・プライミングによってマルチプルカテゴリー信念の駆動を確認できたことから，本項ではマルチプルカテゴリー信念を駆動させたことで，認知的精緻化をより促進させ（**仮説 4-2**），分析対象（AS）をサブカテゴリー化させたか（**仮説 4-3**）どうかを検証する。そして，プロパティ・プライミングに接触した被験者は，階層的認知構造の基礎レベルにおいて，より頭部カテゴリーを駆動させていることを検証する（**仮説 4-4**）。

認知的精緻化

　まずは，プロパティ・プライミングによってマルチプルカテゴリー信念を駆動させた被験者が，そうではない被験者よりも，分析対象（AS）に対して認知的精緻化をより促進させていることを検証する（**仮説 4-2**）。本実験の被験者に関しても，前章と同様に，階層コンジョイント分析から消費者個人ごとに認知的精緻化が促進されたかどうかを残差平方和の算出によって確認した。その結果，図 10.2 に示すように，プロパティ・プライミングに接触した被験者（実験群）とそうではない被験者（統制群）との間で，認知的精緻化（残差平方和）の程度に有意差があることが明らかになった

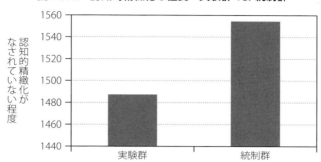

図10.2 認知的精緻化の程度:実験群 vs. 統制群

($M_{実験群}=1488.142$ vs. $M_{統制群}=1554.110, t=3.739, p<.01$)。つまり、プロパティ・プライミングに接触した本実験の被験者のほうが、分析対象(AS)に対して、認知的精緻化をより促進させていることが明らかになった(**仮説4-2の支持**)。

サブカテゴリー化

次に、プロパティ・プライミングによってマルチプルカテゴリー信念を駆動させた被験者は、そうではない被験者よりも、分析対象(AS)をサブカテゴリー化することを検証する(**仮説4-3**)。前章と同様に、Moreau, Markman and Lehmann (2001) と Sujan and Bettman (1989) を参考にカテゴライゼーションとサブカテゴリー化の駆動を確かめる測定項目を用いて検証を行った。

まず、Moreau, Markman and Lehmann (2001) の測定項目を用いて、プロパティ・プライミングによってマルチプルカテゴリー信念を駆動させている被験者(実験群)と、そうではない被験者(統制群)との間で、ASに対するカテゴライゼーションが異なるかどうかの有意差検定を行った。その結果、図10.3に示すように、プロパティ・プライミングによってマルチプルカテゴリー信念を駆動させた被験者は、ASをより炭酸飲料としてカテゴライゼーションしていることが明らかになった($M_{実験群}=0.520$ vs. $M_{統制群}=$

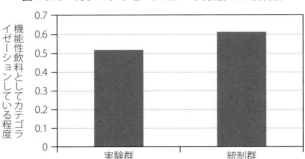

図 10.3 カテゴライゼーション：実験群 vs. 統制群

0.615, $t=1.922$, $p<.1$)。

次に，Sujan and Bettman (1989) の測定項目を用いて使用し，プロパティ・プライミングによってマルチプルカテゴリー信念を駆動させた被験者（実験群）と，そうではない被験者（統制群）の間で，AS に対するサブカテゴリー化が異なるかどうかの有意差検定を行った。期待する結果としては，プロパティ・プライミングによってマルチプルカテゴリー信念を駆動させた被験者は，階層的認知構造の基礎レベルで炭酸飲料としてカテゴライゼーションしているため，下位レベルでは，一般的な機能性飲料とは異なる製品として AS をサブカテゴリー化するというものである。

分析の結果，図 10.4 に示すように，プロパティ・プライミングによってマルチプルカテゴリー信念を駆動させた被験者は，AS をより一般的ではない機能性飲料カテゴリーとしてサブカテゴリー化していることが明らかになった（$M_{実験群}=0.520$ vs. $M_{統制群}=0.435$, $t=1.704$, $p<.01$；仮説 4-3 の支持)[3]。

---

3) さらに，仮説 4-3 を支持する分析結果として，プロパティ・プライミングによってマルチプルカテゴリー信念を駆動させた被験者は，そうではない被験者よりも AS を炭酸飲料としてサブカテゴリー化していないことが検証された（$M_{実験群}=0.585$ vs. $M_{統制群}=0.675$, $t=1.868$, $p<.1$)。

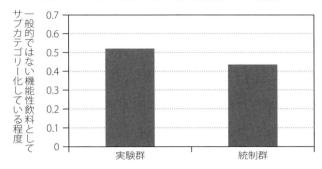

図10.4 サブカテゴリー化：実験群 vs. 統制群

カテゴライゼーション

最後に，プロパティ・プライミングに接触した被験者は，階層的認知構造の基礎レベルにおいて，頭部カテゴリーを駆動させていることを検証する。プロパティ・プライミングに接触した被験者は，その後に分析対象（AS）についても，プロパティ・プライミングによる統制と同様のトーン＆マナーで画像と文章に接触させている。その統制には，修飾カテゴリーとして機能性飲料カテゴリーを，頭部カテゴリーとして炭酸飲料カテゴリーを設定した。その結果，先述した分析結果からも明らかなように，プロパティ・プライミングに接触した被験者は，階層的認知構造の基礎レベルにおいて，炭酸飲料（頭部カテゴリー）としてASをカテゴライゼーションしている（$M_{実験群}=0.520$ vs. $M_{統制群}=0.615$, $t=1.922$, $p<.1$；**仮説4-4**の支持）。

3 まとめ

▶ 実証分析4の貢献と今後の研究課題

本章では，カテゴリー不確実な拡張製品に対する消費者の情報処理モードの多様性をマルチプルカテゴリー信念に収束させる具体的な方法として，プロパティ・プライミングの有効性について検証した。そして，プロパティ・プライミングに接触した被験者は，マルチプルカテゴリー信念を駆動

させていることを明らかにした（Gill and Dubé 2007; Rajagopal and Burnkrant 2009）。

　本章の貢献は，これまでの先行研究と比較しても，かなり厳密な検証によって，プロパティ・プライミングの有効性を明らかにしたことである。本実験では，マルチプルカテゴリー信念の駆動を確認するために，消費者個人ごとに算出した残差平方和によって認知的精緻化の程度と，各カテゴリーの製品信念の駆動を検証した。そして，階層的認知構造の基礎レベルと下位レベルにおけるカテゴライゼーションとサブカテゴリー化を検証した。

　本分析の貢献は，マーケティング・コミュニケーション戦略の立案などに有益な示唆を与えることができる。カテゴリー不確実な拡張製品に対する消費者の情報処理モードは，シングルカテゴリー信念，あるいはマルチプルカテゴリー信念であることが，第8章からの一連の実証研究によって明らかになった。つまり，ハイブリッド製品に代表されるカテゴリー不確実な拡張製品に対する消費者の認識は，個人ごとに異なる製品カテゴリーだということである。そんな状況においても，プロパティ・プライミングをマーケティング・コミュニケーションに包含することによって，当該製品に対する消費者の認識をより好ましい情報処理モードに，ある程度マーケターが操作可能であることを示している。

　今後の研究課題としては，以下の2つである。1つは，プロパティ・プライミングによるマルチプルカテゴリー信念の駆動を，より多面的に検証していくことである。本章では，認知的精緻化とカテゴライゼーション，サブカテゴリー化の側面に注目してマルチプルカテゴリー信念を検証してきたが，これらはマルチプルカテゴリー信念が駆動している一側面を明らかにしたにすぎない。より多面的にその特性を明らかにすることで，マルチプルカテゴリー信念がマーケターにとって好ましい情報処理モードであることを検証するべきである。

　もう1つは，プロパティ・プライミング以外によるマルチプルカテゴリ

ー信念の駆動を検証していくことである。前章では，マルチプルカテゴリー信念が駆動する内的要因として認知欲求の水準が明らかになった。本章では，その外的要因としてプロパティ・プライミングがあることを検証した。これらの要因は，マルチプルカテゴリー信念を駆動させる要因の一部にすぎないであろう。マルチプルカテゴリー信念が駆動する多様な内的・外的要因を明らかにすることで，さらなるマーケティングへの応用可能性が期待できる。

第 11 章

製品拡張における
カテゴリー・プライミング効果

はじめに

　前章では，カテゴリー不確実な拡張製品に対する消費者の情報処理モードをマルチプルカテゴリー信念へと収束させるための具体的な方法として，「プロパティ・プライミング」が有益であることを明らかにしてきた。

　製品属性（プロパティ）間の修飾関係に注目して，マルチプルカテゴリー信念の駆動を促し，頭部カテゴリーとして位置づけられるプロパティに消費者のカテゴライゼーションを収束させることも試みた。しかし，プロパティ・プライミングは，ハイブリッド製品のようなカテゴリー不確実性が高い対象に限定された方法であり，現実に存在するものを用いて実験を行ったとしてもマーケティングへの適用可能性は限定されたものとなる。

　そこで，カテゴリー不確実性に限定せず，より広範なマーケティングへの適用可能性を目指して，「カテゴリー・プライミング」というコンテクスト効果に注目する[1]。さらに，その成果指標も消費者の情報処理モードの変化ではなく，消費者の支払意向額[2]とする（Völckner 2005; Wertenbroch and Skiera 2002）。ここで，消費者の支払意向額に注目する理由は以下の2つである。第1の理由は，消費者の支払意向額は，最適な価格設定をデザインするための重要な指標となるからである（Cameron and James 1987; Dobson and Kalish 1988; Jedidi, Jagpal and Manchanda 2003）。第2の理由は，消費者の支払意向額は，製品の需要を予測するための重要な指標となるからである（Urban, Weinberg and Hauser 1996; Wertenbroch and Skiera 2002）。

　本章では，カテゴリー・プライミング（刺激）が，消費者の支払意向額にどのような影響を及ぼすかを，以下の5つの仮説に基づいて明らかにする。最初に，後続刺激よりも相対的に内的参照価格が高い先行刺激に接触した

---

1) カテゴリー・プライミングの詳細については，第4章2節を参照。
2) 支払意向額とは，所与の製品に対して消費者が支払いたいと思う価格のことである（Kalish and Nelson 1991）。

消費者は，そのような先行刺激に接触しなかった消費者よりも，後続刺激に対してより高い支払意向額を示すことを検証する（仮説5-1）。次に，この仮説に対して消費者知識の水準を考慮して，後続刺激に関する事前知識が高い（低い）消費者は，後続刺激よりも相対的に内的参照価格が高い先行刺激に接触することで，そのような先行刺激に接触しなかったときと比べて，後続刺激に対してより高い（低い）支払意向額を示すことを検証する（仮説5-2, 5-3）。さらに，これらの仮説に対して先行刺激と後続刺激の類似性を考慮して，先行刺激と後続刺激のカテゴリー類似性が高い（低い）場合，後続刺激に関する事前知識が高い（低い）消費者は，後続刺激よりも相対的に内的参照価格が高い先行刺激に接触することで，そのような先行刺激に接触しなかったときと比べて，後続刺激に対してより低い（高い）支払意向額を示すことを検証する（仮説5-4, 5-5）。

1 リサーチ・デザイン

1.1 分析対象と調査対象者

本章では，2つの実験を行う。両実験ともに消費者に内的参照価格が形成され，かつ，購買・使用経験がある製品を対象とするため，実験1の分析対象には，先行刺激として美容液，後続刺激として栄養ドリンクを，実験2の分析対象には，先行刺激として美容液，後続刺激としてヘアトリートメントを設定した。

調査対象者は，某インターネット調査会社のパネルを利用し，全国の30～54歳の女性を各年代ごと（5歳刻み）に均等割り付けを行い，後続刺激（栄養ドリンク，ヘアトリートメント）の購買経験がある被験者をランダム・サンプリング抽出した400人である（2010年10月実施）。

後続刺激に対して購買経験がある被験者を抽出した理由は，後続刺激に

関する事前知識がカテゴリー・プライミングの効果を調整することを検証するため，後続刺激が所属する製品カテゴリーに関する多様な水準の事前知識データを収集する必要があるからである。事前知識は，製品カテゴリーに対する「精通性（familiarity）」と「専門知識力（expertise）」から構成される（Alba and Hutchinson 1987）。精通性とは，購買経験数や使用経験数から形成される事前知識の量的な側面を形成するものであり，専門知識力とは，購買経験や使用経験に関連する個々の課題をうまく遂行する能力のことである。後者は事前知識の質的な側面を形成するものである。そして，精通性が増大するにつれて専門知識力が向上することが明らかにされている（Alba and Hutchinson 2000; 新倉 2012）。そこで，本章では，後続刺激の購買経験がある被験者を抽出することによって，後続刺激が所属する製品カテゴリーへの精通性と専門知識力が見込め，多様な水準の事前知識を有する被験者を抽出できることから，購買経験がある被験者に限定する。

また，先行刺激を美容液に固定し，後続刺激は異なる製品を設定した理由は，先行刺激と後続刺激のカテゴリー類似性がカテゴリー・プライミングの効果を調整することを検証するためである。

1.2 統制デザイン

説明変数

両実験とも，先行刺激に接触させる被験者（実験群）と接触させない被験者（統制群）をそれぞれ100人ずつ無作為に割り付けている。つまり，実験群の被験者は，先行刺激（美容液）に接触してから，後続刺激（栄養ドリンク，ヘアトリートメント）に対して評価（支払意向額）をしており，統制群の被験者は，後続刺激（栄養ドリンク，ヘアトリートメント）のみを評価（支払意向額）した（表11.1）。

後続刺激に関する事前知識の測定については，20項目（たとえば，栄養ドリンクには，医薬品，医薬部外品，清涼飲料水がある）を用意し，それぞれの項目について，「知っている〜知らなかった」までの5点リッカート尺度で

表 11.1 統制デザイン

		先行刺激		後続刺激
実験1	実験群	美容液	→	栄養ドリンク
	統制群	なし	→	栄養ドリンク
実験2	実験群	美容液	→	ヘアトリートメント
	統制群	なし	→	ヘアトリートメント

回答してもらった。なお，後続刺激に関する事前知識を設問するタイミングは，事前知識に関する設問の回答によって，その後の後続刺激に対する評価に影響を及ぼさないためにも，実験群では最後から2番目，統制群では最後の設問項目とした。また，本実験では，これら後続刺激に関する事前知識20項目の合計値を説明変数として利用する。

操作確認項目

両実験の最初では，実験群の被験者に対して，先行刺激に対する内的参照価格について，「美容液は一般的にいくらぐらいで店頭に並んでいると思いますか」という設問項目を設定し，自由回答で記入してもらった。その後，先行刺激に関する架空の記事に接触させ，再び「先ほどご覧いただいた美容液は，いくらぐらいで店頭に並んでいると思いますか」という設問項目を設定し，自由回答で記入してもらった。ここで，先行刺激の内的参照価格について，同様の設問を繰り返しているのは，架空の記事に掲載されている先行刺激の内的参照価格が，架空の記事に接触する前の先行刺激に対する内的参照価格と同じ価格であるかどうかを確認するためである。

また，先行刺激に関する関連発言数については，「美容液とは○○である」という文章を用意し，○○の部分に自由回答で記入してもらい，テキストマイニングによって，関連発言数を測定した。このように，被験者の先行刺激に対する意識レベルを測定することで，2つの実験でも用いられる先行刺激（美容液）の関連発言数を比較して，実験1と実験2の間で先行刺激に対する意識レベルが同じであるかを確認する。つまり，先行刺激に

対する被験者の意識レベルが同水準であることを確認することで，後続刺激に対する先行刺激の影響の程度に差がないかどうかを測定できるのである。

続いて，実験群と統制群の両方の被験者に対して，後続刺激に関する架空の記事に接触させ，その後に，「先ほどご覧いただいた栄養ドリンク（ヘアトリートメント）は，いくらぐらいで店頭に並んでいると思いますか」という設問項目を設定し，自由回答で記入してもらった。

また，実験群に対してのみ，最後の測定項目に，「美容液と栄養ドリンク（ヘアトリートメント）はどの程度似たような商品だと思われますか」という設問項目を設定し，「似ている～似ていない」までの5点リッカート尺度で回答してもらった。

被説明変数

そして，後続刺激に対する支払意向額について，「先ほどご覧いただいた栄養ドリンク（ヘアトリートメント）を今後いくらなら買いたいと思いますか。あなたがこの商品に支払ってもよいと思う金額をお知らせください」という設問項目を事前知識の測定前に設定し，自由回答で記入してもらった。

2　実験1：分析結果

実験1で検証すべきことは，次の2つである。1つは，後続刺激よりも相対的に内的参照価格が高い先行刺激に接触した消費者は，そのような先行刺激に接触しなかった消費者よりも，後続刺激に対してより高い支払意向額を示すことである（仮説5-1）。つまり，カテゴリー・プライミングという現象の有無を検証する。もう1つは，後続刺激に関する事前知識が高い（低い）消費者は，後続刺激よりも相対的に内的参照価格が高い先行刺激

に接触することで，そのような先行刺激に接触しなかったときと比べて，後続刺激に対してより高い（低い）支払意向額を示すことを検証する（仮説5-2, 5-3）。つまり，カテゴリー・プライミングの効果を調整する要因として，消費者知識の水準があることを検証する。

2.1 操作確認

まず，先行刺激に対する被験者の内的参照価格が，後続刺激に対する内的参照価格よりも相対的に高いことを確認する必要がある。t検定の結果，先行刺激の内的参照価格は，後続刺激よりも，相対的に高い内的参照価格であることが確認できた（$M_{美容液}$＝¥6619.9 vs. $M_{栄養ドリンク}$＝¥264.0, t＝－17.69, p＜.001）。

さらに，架空の記事によって先行刺激に対する内的参照価格が変化していないことを確認するために，架空の記事への接触前後で測定した先行刺激に対する内的参照価格についてt検定を行った。その結果，架空の記事への接触前後で先行刺激に対する内的参照価格に変化があることが確認された（$M_{接触前}$＝¥6619.9 vs. $M_{接触後}$＝¥5258.0, t＝3.09, p＝.002）。つまり，先行刺激に関する架空の記事によって，被験者の先行刺激に対する内的参照価格が幾分低く見積もられたのである。ただし，架空の記事に用いられた先行刺激と後続刺激の内的参照価格には，十分な有意差があることが確認できており，後述の実験結果に対する考察に問題はない（$M_{美容液}$＝¥5258.0 vs. $M_{栄養ドリンク}$＝¥264.0, t＝19.60, p＜.001）。

2.2 後続刺激に対する被験者の支払意向額（WTP）

ここでは，先行刺激に接触した被験者（実験群）と，接触していない被験者（統制群）の後続刺激に対する支払意向額についてt検定を行った。その結果，図11.1に示すように，先行刺激に接触した被験者（実験群）は，接触していない被験者（統制群）よりも後続刺激に対して，¥25.0も高い支払意向額を示した（$M_{実験群}$＝¥201.0 vs. $M_{統制群}$＝¥176.0, t＝2.47, p＝.01；仮説5-1

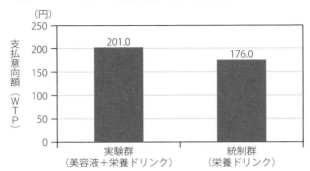

図11.1 実験1：後続刺激に対する被験者の支払意向額

の支持)[3]。

2.3 後続刺激に関する事前知識の調整効果

次に，後続刺激に関する被験者の事前知識の水準が，後続刺激に対する支払意向額に及ぼすプライミング効果の影響を調整していることを検証する（**仮説5-2, 5-3**）。分析には，被説明変数を後続刺激に対する支払意向額，説明変数をカテゴリー・プライミング（あり・なしの2値変量），後続刺激に関する事前知識20項目の平均値である連続変量，およびそれらの交互作用項とするANCOVA（Analysis of Covariance: 共分散分析）[4]を用いる。

結果として，F値は5％水準で有意であり，要因に有意差があることが確認された（$F=3.39, p=.02$）。また，影響関係を図11.2に示している。図11.2は後続刺激に関する事前知識が高い被験者ほど，先行刺激に接触することで，後続刺激に対してより高い支払意向額を示すことを表している

---

[3] 後続刺激に対する内的参照価格についても，先行刺激に接触した被験者（実験群）は，接触していない被験者（統制群）よりも高い内的参照価格を示した（$M_{実験群}$＝¥240.6 vs. $M_{統制群}$＝¥205.6, $t=3.31, p<.001$）。

[4] ANCOVAとは，ANOVAの説明変数に連続変数の共変量を加えたものであり，説明変数にダミー変数と連続変数を含む回帰分析と等価である。

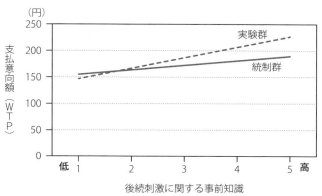

図 11.2　実験1：後続刺激に関する事前知識の調整効果

（**仮説 5-2** の支持）。いわゆる同化効果である。

　反対に，後続刺激に関する事前知識が低い被験者ほど，先行刺激に接触することで，後続刺激に対して低い支払意向額を示すことが明らかになった（**仮説 5-3** の支持）。いわゆる対比効果である。

3　実験2：分析結果

　実験2で検証すべきことは，次の2つである。1つは，**仮説 5-1** の再検証である。つまり，カテゴリー・プライミングという現象の頑健性を検証する。もう1つは，先行刺激と後続刺激のカテゴリー類似性が高い（低い）場合，後続刺激に関する事前知識が高い（低い）消費者は，後続刺激よりも相対的に内的参照価格が高い先行刺激に接触することで，そのような先行刺激に接触しなかったときと比べて，後続刺激に対してより低い（高い）支払意向額を示すことを検証する（**仮説 5-4, 5-5**）。つまり，カテゴリー・プライミングの効果を調整するもう1つの要因として，先行刺激と後続刺激のカテゴリー類似性があることを検証する。

3.1 操作確認

操作確認の手続きは，実験1と同様である。その結果，先行刺激に対する被験者の内的参照価格が，後続刺激に対する内的参照価格よりも相対的に高いことが確認できた（$M_{美容液}$＝¥5937.5 vs. $M_{ヘアトリートメント}$＝¥1323.4, t＝14.34, $p<.001$）。

ただし，実験1と同様に，架空の記事への接触前後で測定した先行刺激に対する内的参照価格に変化があることが確認された（$M_{接触前}$＝¥5937.5 vs. $M_{接触後}$＝¥4754.5, t＝2.98, p＝.003）。しかし，それでも架空の記事に用いられた先行刺激と後続刺激の内的参照価格には，十分な有意差があることは確認できたため，後述の実験結果に対する考察に問題はない（$M_{美容液}$＝¥4754.5 vs. $M_{ヘアトリートメント}$＝¥1323.4, t＝13.29, $p<.001$）。

また，実験2では，プライミング効果に対する先行刺激と後続刺激のカテゴリー類似性の調整効果を検証するために，実験2の手続きによって生じたプライミング効果と，実験1の手続きによって生じたプライミング効果に差がないことを確かめなければならない。

そこで，実験1と実験2のそれぞれで，先行刺激に接触させた後に，先行刺激に関する被験者の発言を収集し，テキストマイニングによって，それぞれの実験において発言頻度の高いものを抽出し，実験1と実験2において，先行刺激に対する被験者の意識レベルに差がないことを検証した。たとえば，先行刺激に関する高頻度の関連発言として「栄養補給」に関する発言頻度は，実験1と実験2で有意差はなかった（t＝0.29, p＝.77）。そのほかにも，同様に「維持」（t＝0.86, p＝.39），「回復」（t＝0.36, p＝.72），「身体」（t＝0.16, p＝.88），「疲れ」（t＝0.10, p＝.92），すべての先行刺激に関連する発言頻度に，実験1と実験2では有意差がないことが確認できた。以上より，実験1と実験2で行われた操作によって，先行刺激に対する被験者の意識レベルが同水準であることを検証し，後続刺激に対する先行刺激の影響の程度に差がないことを確認した。

最後に，実験2で設定された先行刺激と後続刺激の関係性は，実験1で設定されたものよりもカテゴリー類似性が高いことを確認する必要がある。そこで，本実験では，実験1と実験2で，先行刺激と後続刺激のカテゴリー類似性を測定し，実験2で設定された先行刺激（美容液）と後続刺激（ヘアトリートメント）は，実験1で設定された先行刺激（美容液）と後続刺激（栄養ドリンク）よりもカテゴリー類似性が高いことを確認した（$M_{実験1}$＝3.26 vs. $M_{実験2}$＝3.56, t＝2.32, p＝.02）。

3.2　カテゴリー・プライミング効果の頑健性

　ここでは，カテゴリー・プライミング効果の頑健性を検証するために，先行刺激に接触した被験者（実験群）と，接触していない被験者（統制群）の後続刺激に対する支払意向額に対する t 検定を行った。t 検定の結果，図11.3に示すように，先行刺激に接触した被験者は，接触していない被験者よりも後続刺激に対して ¥150.5 も高い支払意向額を示した（$M_{実験群}$＝¥1101.2 vs. $M_{統制群}$＝¥950.7, t＝1.89, p＝.06；**仮説5-1**の支持）[5]。

図11.3　後続刺激に対する被験者の支払意向額

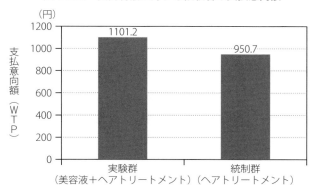

---

[5]　後続刺激に対する内的参照価格についても，先行刺激に接触した被験者（実験群）は，接触していない被験者（統制群）よりも高い内的参照価格を示した（$M_{実験群}$＝¥1419.7 vs. $M_{統制群}$＝¥1078.8, t＝3.55, p＜.001）。

3.3 先行刺激と後続刺激のカテゴリー類似性の調整効果

ここでは，実験1よりも先行刺激と後続刺激のカテゴリー類似性が高い実験2において，後続刺激に関する被験者の事前知識が，後続刺激に対する被験者の支払意向額に及ぼすプライミング効果の影響に，異なった調整効果を与えることを検証する。つまり，プライミング効果に対する先行刺激と後続刺激のカテゴリー類似性の調整効果について検証していく（**仮説5-4, 5-5**）。

分析には，実験1と同様の設問項目によって，実験2で測定された被説明変数と説明変数を用い，ANCOVAによる検証を行った。ここで，注意されたいのは，先行刺激と後続刺激のカテゴリー類似性は，ANCOVAの説明変数には設定されていないことである。本実験では，実験1と比較して実験2における先行刺激と後続刺激のカテゴリー類似性が高いことを操作確認している。そのような状況下で，先行刺激に接触することで，後続刺激の支払意向額に対して，被験者の後続刺激に関する事前知識の調整効果の変化を捉えることで，先行刺激と後続刺激のカテゴリー類似性が，どのようにプライミング効果を調整するのかを捉えようとしている。

結果として，まずはF値については10%水準で有意であった（$F=2.57$, $p=.06$）。先行刺激と後続刺激のカテゴリー類似性が高い場合においても，後続刺激に関する被験者の事前知識，プライミング効果，および調整効果を組み込んだモデルは有意であることが示された。しかし，実験2の検証結果は，実験1とは異なったものとなった（カテゴリー類似性が低い場合の図11.2とも比べて確認してほしい）。図11.4に示すように，先行刺激と後続刺激のカテゴリー類似性が高い場合は，後続刺激に関する事前知識が高い被験者ほど，先行刺激に接触することによって，後続刺激に対して低い支払意向額を示すことが明らかになった（**仮説5-4**の支持）。いわゆる訂正対比効果である。

このことは，先述したように，先行刺激に接触することによって，後続

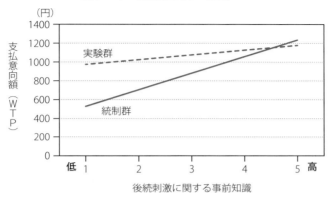

図 11.4　実験2：後続刺激に関する事前知識の調整効果
（カテゴリー類似性が高い場合）

刺激に関する事前知識が高い被験者は，同化効果を引き起こすが，先行刺激と後続刺激のカテゴリー類似性が高いことから，先行刺激の影響を受けて後続刺激を評価してしまっていることに気づいてしまい，その評価から先行刺激による影響を過剰に取り除こうとしてしまったと考えられる。

反対に，後続刺激に関する事前知識が低い被験者であっても，先行刺激に接触することによって，後続刺激に対して高い支払意向額を示すことが明らかになった（仮説5-5の支持）。いわゆる同化効果である。このことも，先述したように，先行刺激と後続刺激のカテゴリー類似性が高いため，後続刺激に関する事前知識が低い被験者でも，先行刺激への認知的なアクセスが容易になることから，後続刺激を先行刺激と同様のカテゴリーメンバーとして評価したと考えられる。それゆえに，先行刺激の影響を受けて，後続刺激に対する支払意向額を高く見積もったと考えられる。

以上より，先行刺激と後続刺激のカテゴリー類似性についても，プライミング効果に異なった調整効果を与え，後続刺激に対する被験者の支払意向額に影響を及ぼすことが検証できた。

4 まとめ
▶ 実証分析5の貢献と今後の研究課題

　本章では，前章と同じくプライミング効果に注目した。しかし，プロパティ・プライミングのようなハイブリッド製品に代表されるカテゴリー不確実性が高い対象に限定される方法ではなく，より広範なマーケティングへの適用可能性を目指して，カテゴリー・プライミングというコンテクスト効果に注目した。さらに，その成果指標も消費者の情報処理モードの変化ではなく，消費者の支払意向額とし，広範なマーケティングへの適用可能性を目指した。本章には，以下3つの学術的貢献がある。

　第1の貢献は，**仮説5-1** に関連する。本章では2つの実験から，後続刺激よりも相対的に内的参照価格が高い製品カテゴリーを先行刺激として接触させることで，後続刺激に対する消費者の支払意向額を高めることを示した。これまでにも，支払意向額に対する内的参照価格の影響については検証されてきたが，異なる製品カテゴリー間で内的参照価格が支払意向額に影響を及ぼすことを検証できた。

　このことは，たとえば小売マーケティングに応用することができる。店舗内における商品陳列の局面を想定すれば，消費者の店舗内回遊行動に基づいて，どのような製品カテゴリーを先行刺激となるように隣接させて，後続刺激とする製品と接触させるかを検証することができる。

　第2の貢献は，**仮説5-2，5-3** に関連する。本章では，カテゴリー・プライミングの効果を調整する要因の1つとして，後続刺激に関する消費者の事前知識に注目した。そして，検証の結果，たとえ後続刺激よりも相対的に内的参照価格が高い製品カテゴリーを先行刺激として接触させることで，後続刺激に対する支払意向額を高めることができたとしても，後続刺激に関する消費者の事前知識の水準を考慮すれば，後続刺激に対する支払意向額に負の影響を及ぼしてしまう場合があることを示した。このことは，先

行刺激と後続刺激が同様の製品カテゴリーを設定してきた先行研究で検証されてきたことを経験的に支持する結果であり，加えて，先行刺激と後続刺激が異なる製品カテゴリーでも同様の結果となることを示した。

このことは，後続刺激となる製品カテゴリーは，一般的に購買・使用頻度が高いものであるのかどうかを十分に検討しなければならないということである。すなわち，購買・使用頻度が低い製品カテゴリーであるほど，当該製品カテゴリーに関する事前知識が低い消費者が多いことが想定される。それゆえに，たとえば，内的参照価格が相対的に高い製品カテゴリーが先行刺激となるように隣接させて，後続刺激となる製品に接触させてしまえば，対比効果によって，後続刺激となる製品に対する支払意向額は低く見積もられてしまう可能性があることを示した。

第3の貢献は，**仮説5-4，5-5**に関連する。本章では，カテゴリー・プライミングの効果を調整するもう1つの要因として，先行刺激と後続刺激のカテゴリー類似性に注目した。そして，検証の結果，たとえ後続刺激よりも相対的に内的参照価格が高い製品カテゴリーを先行刺激として接触させることで，後続刺激に対する支払意向額を高めることができたとしても，先行刺激と後続刺激のカテゴリー類似性の程度と後続刺激に関する事前知識の水準の交互作用を考慮すれば，後続刺激に対する消費者の支払意向額に負の影響を及ぼしてしまう場合があることを示した。

このことは，後続刺激となる製品カテゴリーは，一般的に購買・使用頻度が高いものであるのかどうかを十分に検討しなければならないということである。すなわち，購買・使用頻度が高い製品カテゴリーであるほど，当該製品カテゴリーに関する事前知識が高い消費者が多いことが想定される。それゆえに，たとえば，内的参照価格が相対的に高い製品カテゴリーが先行刺激となるように隣接させたとしても，後続刺激となる製品が類似的な製品カテゴリーであれば，後続刺激となる製品に対する支払意向額は，訂正対比効果によって，低く見積もられてしまう可能性があることを示せた。

今後の研究課題としては，本章の発展可能性が考えられる。本章では，カテゴリー・プライミングの効果を調整する要因として，「後続刺激に関する事前知識」と「先行刺激と後続刺激の類似性」の2要因を考慮したが，それ以外にもカテゴリー・プライミングの効果を調整する重要な要因として「動機づけ」があると考えている。たとえば，認知欲求が高い消費者であれば，本実験のような状況下では，後続刺激に対する支払意向額を見積もる際に，より正確な判断を下そうとする動機づけがはたらくと考えられる（Cacioppo and Petty 1982; Cacioppo, Petty and Morris 1983; Petty and Cacioppo 1986）。

　そのほかにも，やはり内的参照価格と支払意向額の測定についても，より検討が必要であると考えられる。内的参照価格には，多義的な側面があることはよく知られている（Mazumdar, Raj and Sinha 2005）。本実験では，そのうち市場価格に相当する内的参照価格を測定したわけだが，それ以外の内的参照価格についても，多面的に測定することで，より本研究結果の頑健性を示す必要がある。また，同様に支払意向額についても，多様な測定方法があることが知られている（Jedidi and Jagpal 2009）。本実験では，そのうち最も簡易な方法で測定したわけだが，それ以外の測定方法も用いることによって，より本実験の頑健性を示す必要があるだろう。

第Ⅴ部

結論

終 章

外部マーケティング資源という消費者行動研究の視点

1 本書のまとめ

　本書では，消費者情報処理モデルの登場を端緒とした消費者行動研究とマーケティングの乖離から問題意識を提示した。そして，「消費者行動研究の成果をマーケティングに応用する」ことを大目的とした。とくに，本書では，消費者情報処理研究で明らかにされてきた，消費者情報処理能力の源泉となる消費者知識を研究の焦点とし，それがマーケターにとって競争優位の源泉となる「外部マーケティング資源」として，マーケティングに応用可能であることを示してきた。このことを，改めて本書を振り返る中で，以下に示していきたい。

　本書の第1章では，消費者行動研究の歴史を振り返ることで，消費者情報処理研究を端緒に，それ以降の消費者行動研究がマーケティング研究から乖離していることを，学術雑誌間の引用依存度を中心に示した。しかし，むしろ消費者行動（とくに消費者知識）はマーケターにとって外部マーケティング資源となりうることを本書で示していく中で，消費者行動研究の成果をマーケティングに応用するという本来の研究ビジョンを大目的とした。また，昨今の情報技術の発展による消費者行動に関する非集計データの入手可能性と消費者行動自体の多様化に対応するためにも，消費者個人の異質性を強く意識しなければならないことを示した。

　第2章では，これまでの消費者行動とマーケティングとの関連性を新たな視点から捉える試みとして，消費者行動はマーケティング対象として対応しなければならない存在ではなく，むしろマーケターにとって外部マーケティング資源となりうることを2つのマーケティング事例をもとに示した。また，昨今のヒット商品といわれる製品の多くが，拡張製品であることに注目し，本書では，拡張製品に対するマーケティングに焦点を当てていくことを示した。

第3章では，本書の焦点となる消費者知識について，3つの側面（事前知識の貯蔵・類型・構造）から体系的な先行研究レビューを行った。事前知識の貯蔵については，記憶の二重貯蔵モデルを起点に消費者情報処理モデルの概略と消費者の認知学習について詳述した。事前知識の類型については，消費者知識のタイプを宣言的知識と手続き的知識を中心に詳述した。そして，事前知識の構造については，スキーマとカテゴリーを中心に，さまざまな構造があることを詳述した。

　第4章では，本書で注目していく拡張製品に対して，第3章で詳述した消費者知識がどのように消費者の情報処理モードに利用されるのかについて，3つの研究視点（知識転移，適度な不一致，カテゴリー不確実性）から体系的な先行研究レビューを行った。ここでは，それぞれの研究視点の特徴と限界について詳述し，その限界が新たな研究視点を提供してきた経緯を詳述している。

　第5章では，第4章までの先行研究レビューによって明らかになった，拡張製品に対する消費者の情報処理モードから，消費者知識がなぜ外部マーケティング資源となりうるのかを説明するために，2つのコンテクスト効果（プロパティ・プライミングとカテゴリー・プライミング）について先行研究レビューを行った。そして，消費者知識を中心に，消費者個人に多様な異質性があるからこそ，コンテクスト効果のような効果的なマーケティング・コミュニケーションへの適用可能性が考えられることを示した。

　第6章では，以上の先行研究レビューをもとに，第7章以降の実証分析で明らかにしていく仮説を体系的に構築した。つまり，拡張製品に対する消費者の情報処理モードにおいて，どのような消費者知識が利用されることで，いかなる情報処理モードが駆動し，そのような認知状況下においては，どのように消費者知識を外部マーケティング資源として戦略的にマーケティングに応用することが可能であるのかについて，その仮説群を示した。

　第7章では，拡張製品に対する消費者の情報処理モードを「適度な不一

致」という視点から実証分析を行った。ここでは，消費者知識が階層的認知構造として貯蔵されているのであれば，消費者は基礎レベルでカテゴリーベース処理を駆動させ，ピースミール・モードによるサブカテゴリー化によって，拡張製品に対して認知的精緻化を促進させる（仮説1-1）ことを検証した。また，消費者選好構造分析においては，拡張製品は競合からより乖離した好ましいところにポジショニングされる（仮説1-2）ことを示した。

第8章では，拡張製品に対する消費者の情報処理モードを「カテゴリー不確実性」という視点から実証分析を行った。ここでは，新たな拡張製品としてハイブリッド製品を分析対象とし，シングルカテゴリー信念という消費者の情報処理モードに注目した。そして，カテゴリー不確実な拡張製品に対する消費者の情報処理モードは，消費者知識が階層的認知構造として貯蔵されているのであれば，基礎レベルで2つ以上の単一の製品カテゴリーでカテゴリーベース処理され（仮説2-1），下位レベルでサブカテゴリー化される（仮説2-2）ことを検証した。

第9章では，第8章と同様に「カテゴリー不確実性」という視点から実証分析を行った。ここでは，前章で明らかになったシングルカテゴリー信念による消費者の情報処理モードではなく，それに対峙するマルチプルカテゴリー信念に注目した。そして，カテゴリー不確実な拡張製品に対する消費者の情報処理モードには，マルチプルカテゴリー信念を駆動させる消費者がいることを明らかにし，そのような消費者は認知欲求の水準が高く（仮説3-1），カテゴリー不確実な拡張製品（ハイブリッド製品）をサブカテゴリー化する（仮説3-2）ことを検証した。

第10章では，カテゴリー不確実な拡張製品に対する消費者の情報処理モードの多様性を，マルチプルカテゴリー信念へと収束させるための具体的な方法として，プロパティ・プライミングの効果を検証する実証分析を行った。そして，プロパティ・プライミングは，多様な消費者の情報処理モードをマルチプルカテゴリー信念へと収束させ（仮説4-1），カテゴリー

不確実な拡張製品（ハイブリッド製品）に対する認知的精緻化をより促進させ（**仮説 4-2**），プロパティ・プライミングに接していない消費者と比べてよりサブカテゴリー化する（**仮説 4-3**）ことを検証した。

第 11 章では，プロパティ・プライミングのようなハイブリッド製品に代表されるカテゴリー不確実性が高い対象に限定される方法ではなく，より広範なマーケティングへの適用可能性を目指して，カテゴリー・プライミングというコンテクスト効果に注目した。さらに，その成果指標も消費者の情報処理モードの変化ではなく，消費者の支払意向額とし，広範なマーケティングへの適用可能性を目指した。そして，カテゴリー・プライミングに接触した消費者は，後続刺激に対してより高い支払意向額を示すことを検証した（**仮説 5-1**）。さらに，消費者知識水準の異質性を考慮して，後続刺激に関する事前知識が高い（低い）消費者は，カテゴリー・プライミングに接触することで，後続刺激に対してより高い（低い）支払意向額を示すことを検証した（**仮説 5-2, 5-3**）。加えて，先行刺激と後続刺激の類似性も考慮することで，先行刺激と後続刺激のカテゴリー類似性が高い（低い）場合は，後続刺激に関する事前知識が高い（低い）消費者は，カテゴリー・プライミングに接触することで，後続刺激に対してより低い（高い）支払意向額を示すことを検証した（**仮説 5-4, 5-5**）。

2 外部マーケティング資源としての消費者行動

次に，本書の大目的である消費者行動研究の成果をマーケティングに応用するにあたって，消費者がどのように外部マーケティング資源として活用されうるのかについて示したい。

本書では，第 10 章と第 11 章の研究成果が，それに相当する。第 7 章から第 9 章は，あくまでも消費者行動研究の成果である。しかし，第 7 章で

「適度な不一致」に注目しなければ，第8章で「カテゴリー不確実性」に注目することはできなかったし，第8章で「シングルカテゴリー信念」に注目したことによって，第9章で「マルチプルカテゴリー信念」に注目することができたのである。そして，ここまでの実証分析を積み重ねたことによって，第10章で「プロパティ・プライミング」に注目することができ，より広範なマーケティングへの適用可能性を求めて，第11章で「カテゴリー・プライミング」に注目できたことは，ここまで読んでいただいた読者の方々には，ご理解いただけたかと思う。

　第7章から第9章までの研究成果は，拡張製品と呼ばれる対象に消費者がどのような反応を示すのかを明らかにしたものであり，消費者から好ましい反応を獲得するためのマーケティング戦略を設計するための指針を与えてくれるものである。しかし，ここで再考したいことは，第10章と第11章の研究成果である。

　第10章では，プロパティ・プライミングの効果を検証し，マルチプルカテゴリー信念へと消費者の情報処理モードを収束させ，頭部カテゴリーへのカテゴライゼーションに収束できることを示した。ここで再考したいことは，なぜプロパティ・プライミングという効果を検証することができたのかということである。それは，まさに消費者の情報処理モードが多様だったからである。つまり，ハイブリッド製品に対する消費者個人間の情報処理モードが異なっていたからである。単に，消費者行動の研究成果を考えれば，ハイブリッド製品に対する消費者の情報処理モードは，それぞれどのように異なっているのかを明らかにすればいいのかもしれない。通常，同じ対象に対する消費者の情報処理モードが異なっていることは，マーケターにとって厄介な状況であると考えてしまうだろう。しかし，競争優位性のあるマーケティング・コミュニケーションを設計しようと考えれば，消費者の情報処理モードが個人ごとに異なっていることこそが，マーケターにとって有益な外部マーケティング資源となるのである。消費者の情報処理モードが多様であるからこそ，プロパティ・プライミングというコン

テクスト効果を包含したマーケティング・コミュニケーションを考えることができたのである。もし消費者の情報処理モードがある一定の狭い範囲に収まっているのであれば，より多くのマーケティング・コミュニケーション予算を投下できたマーケターが競争に勝ってしまうのではないだろうか。

　第11章では，カテゴリー・プライミングの効果を検証し，後続刺激よりも高い内的参照価格を形成する製品カテゴリーを先行刺激とすることで，後続刺激に対する消費者の支払意向額を高められることを示した。ここでも再考したいことは，なぜカテゴリー・プライミングという効果を検証することができたのかということである。それは，まさに先行刺激と後続刺激に対して形成していた消費者の内的参照価格が個人間で異なっていたからである。先ほどと同様に，通常，先行刺激と後続刺激に対する内的参照価格がそれぞれ異なっていることは，消費者に煩わしい価格判断を要求してしまうことであり，通常，マーケターにとっては厄介な状況であると考えてしまうであろう。しかし，競争優位性のある小売マーケティング（商品陳列）を設計しようと考えれば，先行刺激と後続刺激に対する内的参照価格が異なっているからこそ，後続刺激に対する消費者の支払意向額が通常よりも高くなるのである。

　加えて，後続刺激に関する消費者知識の水準が異なっているからこそ，当該小売マーケティングに接触させる消費者を特定（ターゲティング）できるのではないだろうか。もし，消費者知識の水準が異なっていないのであれば，たとえ先行刺激と後続刺激の関係性を考慮して小売マーケティングを設計したとしても，結局はできるだけ多くの消費者を先行刺激と後続刺激に接触させることができる店舗のマーケターが競争に勝ってしまうだけではないだろうか。消費者知識の水準が異なるからこそ，むしろカテゴリー・プライミングに接触させるべき（させてはならない）消費者を選別することができるのである。以上より，消費者の内的参照価格と事前知識の水準が異なっていることは，マーケターにとって厄介な状況ではなく，むし

ろ有益な外部マーケティング資源となるのである。

3 おわりに

　いつの時代もマーケターを取り巻く環境は，日々変化し続けることで多様化・複雑性に満ちている。昨今では，SNS（social networking service）などの登場によって，マーケターが選択できるコミュニケーション・チャネルが多様化し，それに対応するように，新たなコミュニケーション・コンテンツも登場している。そんな中で，マーケターは，競って新たなメディアとコンテンツの有効活用を模索している。

　また，日進月歩で進化する情報技術が，ビッグデータというこれまでに経験したこともないような大規模データ環境を生み出し，新たなマーケティング・アナリティクスを必要とする時代となった。マーケターは，そんな環境になんとか対応しようと，DMP（digital media platform）の確立に躍起になっている。

　一方で，流通チャネルにおいても，国内最大手の総合スーパー（GMS: general merchandise store）が全国のスーパーやドラッグストアを急進的に合併・買収（M&A: mergers and acquisitions）し，規模の経済性を追求している。国内最大手のコンビニエンス・ストア（CVS: convenience store）は，さまざまな小売業態を合併・買収してオムニチャネル化を推進している。

　これらは，昨今のマーケティング環境の変化を示したほんの一例である。一例を挙げてみるだけでも，昨今の変化はあまりにも劇的なものに映る読者もいるかもしれない。しかし，いつの時代だって，そうだと思うし，そうだと思わなければ，マーケティングのフロンティアで戦っていくことはできないのではないだろうか。そして，考えてみれば，これらマーケティング事例に共通することは，内部マーケティング資源の活用もしくはマーケティング資源の内部化ということである。

その一方で，いつの時代も変わらないことは，消費者という存在である。消費者を無視して，マーケティングを発展させることはできない。その消費者にしても，昨今の劇的な生活環境などの変化によって，購買行動や消費行動が明らかに多様化してきた。しかし本書で明らかにしたように，マーケターは，このような消費者の多様化を悲観的に捉えるべきではないだろう。消費者が多様化してきた今日だからこそ，その消費者になんとか適応しようと，マーケティング戦略を設計するのではなく，むしろ消費者が多様化していること（消費者個人の異質性）を活用することこそが，マーケターにとって競争優位性を獲得するための外部マーケティング資源となりうるのではないだろうか。

●●● あ と が き ●●●

　この度，本書を出版することができたのは，多くの方々との出会い，そして厚きご指導ご鞭撻の賜物であることを心より感謝申し上げたい。

　筆者をマーケティング研究の世界に導いてくださったのは，慶應義塾大学大学院経営管理研究科教授・井上哲浩先生である。およそ13年前の2002年4月，筆者は関西学院大学商学部に入学し，マーケティング入門の授業で井上先生に出会った。当時，関西学院大学商学部に籍を置かれていた井上先生の授業は，大学生になったばかりの筆者にとって衝撃的なものであった。そして，すぐに井上先生のゼミナールに入る決意をしたことを今でも覚えている。今思えば，あのとき井上先生に出会えたからこそ，マーケティング研究者として，大学教員として充実した人生を歩み始めることができていると感じている。井上先生には，研究だけでなく，日々の生活でも数えきれないほどお世話になっている。深甚なる感謝の意をここに申し伝えたい。

　筆者がマーケティング・マネジメントを意識するきっかけを与えてくださったのは，関西学院大学名誉教授・中西正雄先生であった。筆者が学部学生だった当時，関西学院大学商学部に籍を置かれていた中西先生のマーケティング・マネジメントの授業を受けたことが，今日の筆者の研究スタイルの礎となっている。今では，筆者が関西学院大学商学部の教員として，その授業を担当させていただいている。中西先生から教えていただいたことを，今の関西学院大学の学生たちに伝えることが，筆者が母校に対してできる1つの恩返しだと感じている。

　筆者が消費者行動研究の活動に従事するきっかけを与えてくださったのは，法政大学経営学部教授・新倉貴士先生である。筆者が関西学院大学大

学院商学研究科に在籍していた当時，関西学院大学商学部に籍を置かれていた新倉先生からは，マーケティングにおける消費者行動研究の位置づけについて深く考える機会を与えていただいた。また，井上哲浩先生が慶應義塾大学大学院経営管理研究科に籍を移されたときも，筆者の指導教官を引き受けてくださり，恩義にあまるご指導を頂戴したことには，深く感謝申し上げる次第である。

　また，筆者が慶應義塾大学大学院経営管理研究科後期博士課程に在籍していた当時，大阪大学大学院経済学研究科准教授・勝又壮太郎先生との出会いがある。当時，勝又先生は東京大学大学院経済学研究科博士課程に所属しており，筆者は慶應義塾大学大学院経営管理研究科がある日吉から東京大学大学院経済学研究科まで毎週のように通い，また，勝又先生も何度も日吉まで足を運んでくれた。いつも終電間際まで二人で議論を重ね，最寄駅まで走って帰ったことは筆者にとって忘れられない思い出である。そのときの貴重な議論がもとになった研究成果（西本 2010）が本書の一部（第7章）となっている。当時，勝又壮太郎先生を含め，筑波大学大学院システム情報工学科に所属していた高橋一樹氏（現在，株式会社電通マーケティングソリューション局第3マーケティングディレクション室データアナリティクス部チーフ・アナリスト），総合研究大学院大学複合科学研究科に所属していた本橋永至氏（現在，横浜国立大学大学院国際社会科学研究院准教授），そして株式会社大広マーケティング・コミュニケーション・ラボに所属していた石丸小也香氏（現在，株式会社大広大阪ビジネスユニット・ストラテジックプランニング局ストラテジック・プランナー）とは，若手研究会を作り，毎月のように議論を重ねた。その研究成果（西本・勝又・石丸・高橋 2010；西本・勝又・本橋・石丸・高橋 2016，近刊）は，本書の一部（第5章，第11章）となっている。また，本書の第11章は，日本商業学会誌『流通研究』に2015年7月29日に受理されており，第18巻1号に掲載予定である。

　本書は，公益財団法人吉田秀雄記念事業財団から拝受した出版助成によって上梓することができた。同財団には，慶應義塾大学大学院経営管理研

究科に後期博士課程として在籍していた当時に研究助成（大学院生の部）を，小樽商科大学商学部に在籍していたときには研究助成（常勤の部）を拝受し，今日まで筆者の研究活動を多岐にわたって支えていただき，その研究成果（西本 2011a, 2011b）も本書の一部（第4〜5章，第8〜10章）となっている。また，上梓にあたり，株式会社有斐閣書籍編集第2部の尾崎大輔氏には，甚大なるご協力を賜った。ここに改めて感謝の意を記したい。

　最後に，筆者のわがままを許し，いつも温かく見守ってくれた両親に感謝したい。

　　　2015年11月

西　本　章　宏

参考文献

阿部誠 (2003)「消費者行動のモデル化――消費者の異質性」『オペレーションズ・リサーチ』48 (2): 121-129。

阿部周造 (1984)「消費者情報処理理論」中西正雄編著『消費者行動分析のニュー・フロンティア――多属性分析を中心に』誠文堂新光社: 119-163。

秋本昌士 (2004)「消費者行動研究における知識転移概念の再検討――カテゴリー・ベース処理と類推」『産業経営』35: 57-74。

Alba, Joseph W. and J. Wesley Hutchinson (1987) "Dimensions of Consumer Expertise," *Journal of Consumer Research*, 13 (4): 411-454.

Alba, Joseph W. and J. Wesley Hutchinson (2000) "Knowledge Calibration: What Consumers Know and What They Think They Know," *Journal of Consumer Research*, 27 (2): 123-156.

Alexander, David L., John G. Lynch Jr. and Qing Wang (2008) "As Time Goes By: Do Cold Feet Follow Warm Intentions for Really New Versus Incrementally New Products?" *Journal of Marketing Research*, 45 (3): 307-319.

青木幸弘 (1992)「消費者情報処理の理論」大澤豊編集責任『マーケティングと消費者行動――マーケティング・サイエンスの新展開』有斐閣: 129-154。

――― (1993)「『知識』概念と消費者情報処理――研究の現状と課題」『消費者行動研究』1 (1): 1-18。

――― (2010)『消費者行動の知識』日本経済新聞出版社。

Asch, Solomon. E. (1946) "Forming Impressions of Personality," *The Journal of Abnormal and Social Psychology*, 41 (3): 258-290.

Atkinson, Richard C. and Richard M. Shiffrin (1968) "Human Memory: A Proposed System and Its Control Processes," in Kenneth W. Spence and Janet Taylor Spence, eds., *The Psychology of Learning and Motivation:*

Advances in Research and Theory 2, New York, NY: Academic Press: 89-195.

Barsalou, Lawrence W. (1983) "Ad Hoc Categories," *Memory and Cognition*, 11 (3): 211-227.

―――― (1985) "Ideals, Central Tendency, and Frequency of Instantiation as Determinants of Graded Structure in Categories," *Journal of Experimental Psychology: Learning, Memory, and Cognition*, 11 (4): 629-654.

Bartels, Robert (1976) *The History of Marketing Thought*, 2nd Edition, Columbus, OH: Grid Publishing.

Bettencourt, Lance A. and Mark B. Houston (2001) "Reference Diversity in *JCR, JM*, and *JMR*: A Reexamination and Extension of Tellis, Chandy, and Ackerman (1999)," *Journal of Consumer Research*, 28 (2): 313-323.

Bettman, James R. (1979) *An Information Processing Theory of Consumer Choice*, Reading, MA: Addison-Wesley Educational Publishers.

Brucks, Merrie (1985) "The Effects of Product Class Knowledge on Information Search Behavior," *Journal of Consumer Research*, 12 (1): 1-16.

Cacioppo, John T. and Richard E. Petty (1982) "The Need for Cognition," *Journal of Personality and Social Psychology*, 42 (1): 116-131.

――――, ―――― and Katherine J. Morris (1983) "Effects of Need for Cognition on Message Evaluation, Recall, and Persuasion," *Journal of Personality and Social Psychology*, 45 (4): 805-818.

Cameron, Trudy A. and Michelled D. James (1987), "Estimating Willingness to Pay from Survey Data: An Alternative to Pretest-Market Evaluation Procedure," *Journal of Marketing Research*, 24 (4): 389-395.

Campbell, Margaret C. and Ronald C. Goodstein (2001) "The Moderating Effect of Perceived Risk on Consumers' Evaluations of Product Incongruity: Preference for the Norm," *Journal of Consumer Research*, 28 (3): 439-449.

Castaño, Raquel, Mita Sujan, Manish Kacker and Harish Sujan (2008) "Managing Consumer Uncertainty in the Adoption of New Products: Temporal Distance and Mental Simulation," *Journal of Marketing Research*,

45 (3): 320-336.
Cote, Joseph A., Siew Meng Leong and Jane Cote (1991) "Assessing the Influence of Journal of Consumer Research: A Citation Analysis," *Journal of Consumer Research*, 18 (3): 402-410.
Cunha Jr., Marcus and Jeffrey D. Shulman (2011) "Assimilation and Contrast in Price Evaluations," *Journal of Consumer Research*, 37 (5): 822-835.
Dobson, Gregory and Shlomo Kalish (1988), "Positioning and Pricing a Product Line," *Marketing Science*, 7 (2): 67-82.
Estes, Zachary (2003) "Attributive and Relational Processes in Nominal Combination," *Journal of Memory and Language*, 48 (2): 304-319.
Feldman, Jack M. and John G. Lynch Jr. (1988) "Self-Generated Validity and Other Effects of Measurement on Belief, Attitude, Intention, and Behavior," *Journal of Applied Psychology*, 73 (3): 421-435.
Fiske, Susan T. (1982) "Schema-Triggered Affect: Applications to Social Perception," in Margaret S. Clark and Susan T. Fiske, eds., *Affect and Cognition: The 17th Annual Carnegie Symposium on Cognition*, Hillsdale, NJ: Lawrence Erlbaum Associates: 55-78.
—— and Mark A. Pavelchak (1986) "Category-Based Versus Piecemeal-Based Affective Responses: Developments in Schema-Triggered Affect," in Richard M. Sorrentino and E. Tory Higgins, eds., *The Handbook of Motivation and Cognition: Foundations of Social Behavior*, New York, NY: Guilford Press: 167-203.
—— and Shelley E. Taylor (1991) *Social Cognition*, 2nd Edition, New York, NY: McGraw-Hill.
古谷知之 (2008)『ベイズ統計データ分析──R & WinBUGS』朝倉書店。
Geweke, John (1992) "Evaluating the Accuracy of Sampling-Based Approaches to the Calculation of Posterior Moments," in José M. Bernardo, James O. Berger, A. Philip Dawid and Adrian F. M. Smith, eds., *Bayesian Statistics 4*, New York, NY: Clarendon Press: 169-193.
Gill, Tripat (2008) "Convergent Products: What Functionalities Add More

Value to the Base?" *Journal of Marketing*, 72 (2): 46-62.

―――― and Laurette Dubé (2007) "What is a Leather Iron or a Bird Phone? Using Conceptual Combinations to Generate and Understand New Product Concepts," *Journal of Consumer Psychology*, 17 (3): 202-217.

Gregan-Paxton, Jennifer (2001) "The Role of Abstract and Specific Knowledge in the Formation of Product Judgments: An Analogical Learning Perspective," *Journal of Consumer Psychology*, 11 (3): 141-158.

―――― and Deborah Roedder John (1997) "Consumer Learning by Analogy: A Model of Internal Knowledge Transfer," *Journal of Consumer Research*, 24 (3): 266-284.

――――, Jonathan D. Hibbard, Frédéric F. Brunel and Pablo Azar (2002) "So That's What That is: Examining the Impact of Analogy on Consumers' Knowledge Development for Really New Products," *Psychology and Marketing*, 19 (6): 533-550.

―――― and C. Page Moreau (2003) "How Do Consumers Transfer Existing Knowledge? A Comparison of Analogy and Categorization Effects," *Journal of Consumer Psychology*, 13 (4): 422-430.

――――, Steve Hoeffler and Min Zhao (2005) "When Categorization is Ambiguous: Factors That Facilitate the Use of a Multiple Category Inference Strategy," *Journal of Consumer Psychology*, 15 (2): 127-140.

Han, Jin K., Seh Woong Chung and Yong Seok Sohn (2009) "Technology Convergence: When Do Consumers Prefer Converged Products to Dedicated Products?" *Journal of Marketing*, 73 (4): 97-108.

Hayes, Brett K. and Ben R. Newell (2009) "Induction with Uncertain Categories: When Do People Consider the Category Alternatives?" *Memory and Cognition*, 37 (6): 730-743.

Herr, Paul M. (1989) "Priming Price: Prior Knowledge and Context Effects," *Journal of Consumer Research*, 16 (1): 67-75.

――――, Steven J. Sherman and Russell H. Fazio (1983) "On the Consequences of Priming: Assimilation and Contrast Effects," *Journal of Experimental*

Social Psychology, 19 (4): 323-340.

Hoeffler, Steve (2003) "Measuring Preferences for Really New Products," *Journal of Marketing Research*, 40 (4): 406-420.

Hruschka, Harald (1986) "Market Definition and Segmentation Using Fuzzy Clustering Methods," *International Journal of Research in Marketing*, 3 (2): 117-134.

Hutchinson, J. Wesley (1983) "On the Locus of Range Effects in Judgment and Choice," *Advances in Consumer Research*, 10: 305-308.

井上哲浩 (2001)「消費者行動研究とマーケティング・モデリング」『季刊マーケティングジャーナル』81: 11-26。

――― (2006)「新しい顧客アプローチの可能性」『季刊マーケティングジャーナル』100: 44-49。

Jedidi, Kamel, Sharan Jagpal, and Puneet Manchanda (2003), "Measuring Heterogeneous Reservation Price for Product Bundles," *Marketing Science*, 22 (1): 107-130.

Jedidi, Kamel and Sharan Jagpal (2009), "Willingness to Pay: Measurement and Managerial Implications," in Rao Vithala R., Northampton, ed., *Handbook of Pricing Research in Marketing*, MA: Edward Elgar.

Johnson, Michael D. (1984) "Consumer Choice Strategies for Comparing Noncomparable Alternatives," *Journal of Consumer Research*, 11 (3): 741-753.

――― (1988) "Comparability and Hierarchical Processing in Multialternative Choice," *Journal of Consumer Research*, 15 (3): 303-314.

神山貴弥・藤原武弘 (1991)「認知欲求尺度に関する基礎的研究」『社会心理学研究』6 (3): 184-192。

Kalish, Shlomo and Paul Nelson (1991), "A Comparison of Ranking, Rating and Reservation Price Measurement in Conjoint Analysis," *Marketing Letters*, 2 (4): 327-335.

Kaufmann, Arnold (1975) *Introduction to the Theory of Fuzzy Subsets*, New York, NY: Academic Press.

Kim, Kyeongheui and Joan Meyers-Levy (2008) "Context Effects in Diverse-Category Brand Environments: The Influence of Target Product Positioning and Consumers' Processing Mind-Set," *Journal of Consumer Research*, 34 (6): 882–896.

Lajos, Joseph, Zsolt Katona, Amitava Chattopadhyay and Miklos Sarvary (2009) "Category Activation Model: A Spreading Activation Network Model of Subcategory Positioning When Categorization Uncertainty Is High," *Journal of Consumer Research*, 36 (1): 122–136.

Lee, Michelle P. and Kwanho Suk (2010) "Disambiguating the Role of Ambiguity in Perceptual Assimilation and Contrast Effects," *Journal of Consumer Research*, 36 (5), 890–897.

Lehmann, Donald R. and Yigang Pan (1994) "Context Effects, New Brand Entry, and Consideration Sets," *Journal of Marketing Research*, 31 (3): 364–374.

Lichtenstein, Donald R., Peter H. Bloch, William C. Black (1988) "Correlates of Price Acceptability," *The Journal of Consumer Research*, 15 (2): 243–252.

Lindsay, Peter H. and Donald A. Norman (1977) *Human Information Processing: An Introduction to Psychology*, 2nd Edition, New York, NY: Academic Press.

Lingle, John H., Mark W. Alton and Douglas L. Medin (1984) "Of Cabbages and Kings: Assessing the Extendibility of Natural Object Concept Models to Social Things," in Robert S. Wyer and Thomas K. Srull, eds., *Handbook of Social Cognition Vol. 1*, Hillsdale, NJ: Lawrence Erlbaum Associates: 71–118.

Loken, Barbara and James Ward (1990) "Alternative Approaches to Understanding the Determinants of Typicality," *Journal of Consumer Research*, 17 (2): 111–126.

―――, Lawrence W. Barsalou and Christopher Joiner (2008) "Categorization Theory and Research in Consumer Psychology," in Curtis P. Haugtvedt, Paul M. Herr and Frank R. Kardes, eds., *Handbook of Consumer*

Psychology, New York, NY: Taylor & Francis: 133-163.

Lynch, John G. Jr., Dipankar Chakravarti and Anusree Mitra (1991) "Contrast Effects in Consumer Judgments: Changes in Mental Representations or in the Anchoring of Rating Scales?" *Journal of Consumer Research*, 18 (3): 284-297.

Macrae, C. Neil, Galen V. Bodenhausen and Alan B. Milne (1995) "The Dissection of Selection in Person Perception: Inhibitory Processes in Social Stereotyping," *Journal of Personality and Social Psychology*, 69 (3): 397-407.

Malt, Barbara C., Brian H. Ross and Gregory L. Murphy (1995) "Predicting Features for Members of Natural Categories When Categorization Is Uncertain," *Journal of Experimental Psychology: Learning, Memory and Cognition*, 21 (3): 646-661.

Mandler, George (1982) "The Structure of Value: Accounting for Taste," in Margaret S. Clark and Susan T. Fiske, eds., *Affect and Cognition: The 17th Annual Carnegie Symposium on Cognition*, Hillsdale, NJ: Lawrence Erlbaum Associates: 55-78.

Martin, Leonard L. (1986) "Set / Reset: Use and Disuse of Concepts in Impression Formation," *Journal of Personality and Social Psychology*, 51 (3): 493-504.

―――, John J. Seta and Rick A. Crelia (1990) "Assimilation and Contrast as a Function of People's Willingness and Ability to Expend Effort in Forming an Impression," *Journal of Personality and Social Psychology*, 59 (1): 27-37.

Mazumdar, Tridib, S. P. Raj, and Indrajit Sinha (2005) "Reference Price Research: Review and Propositions," *Journal of Marketing*, 69 (4): 84-102.

Mervis, Carolyn B. and Eleanor Rosch (1981) "Categorization of Natural Objects," *Annual Review of Psychology*, 32: 89-115.

Meyers-Levy, Joan and Alice M. Tybout (1989) "Schema Congruity as a Basis for Product Evaluation," *Journal of Consumer Research*, 16 (1): 39-54.

――― and Brian Sternthal (1993) "A Two-Factor Explanation of Assimilation and Contrast Effects," *Journal of Marketing Research*, 30 (3): 359-368.

Miller, George A. (1956) "The Magical Number Seven, Plus or Minus Two: Some Limits on Our Capacity for Processing Information," *Psychological Review*, 63 (2): 81-97.

宮本定明 (1999)『クラスター分析入門──ファジィクラスタリングの理論と応用』森北出版。

Moreau, C. Page, Arthur B. Markman and Donald R. Lehmann (2001) " 'What Is It?' Categorization Flexibility and Consumers' Responses to Really New Products," *Journal of Consumer Research*, 27 (4): 489-498.

Moskowitz, Gordon B. and Ian W. Skurnik (1999), "Contrast Effects as Determined by the Type of Prime: Trait versus Exemplar Primes Initiate Processing Strategies that Differ in How Accessible Constructs are Used," *Journal of Personality and Social Psychology*, 76 (6): 911-927.

Murphy, Gregory L. and Brian H. Ross (1994) "Predictions from Uncertain Categorizations," *Cognitive Psychology*, 27 (2): 148-193.

────── and ────── (1999) "Induction with Cross-Classified Categories," *Memory and Cognition*, 27 (6): 1024-1041.

────── and ────── (2010) "Uncertainty in Category-Based Induction: When Do People Integrate Across Categories?" *Journal of Experimental Psychology: Learning, Memory, and Cognition*, 36 (2): 263-276.

Mussweiler, Thomas (2003) "Comparison Processes in Social Judgment: Mechanisms and Consequences," *Psychological Review*, 110 (3): 472-489.

中西正雄 (1984)「消費者行動の多属性分析」中西正雄編著『消費者行動分析のニュー・フロンティア──多属性分析を中心に』誠文堂新光社：2-26。

────── (2001)「消費者行動研究とマーケティング・マネジメント」『季刊マーケティングジャーナル』81: 5-10。

Nam, Myungwoo and Brian Sternthal (2008) "The Effects of a Different Category Context on Target Brand Evaluations," *Journal of Consumer Research*, 35 (4): 668-679.

Newell, Allen, J. Cliff Shaw and Herbert A. Simon (1958) "Elements of a

Theory of Human Problem Solving," *Psychological Review*, 65 (3): 151-166.
—— and Herbert A. Simon (1972) *Human Problem Solving*, Englewood Cliffs, NJ: Prentice Hall.
新倉貴士 (2001)「カテゴリー化概念と消費者の選択行動――選択における選択肢の在り方」阿部周造編著『消費者行動研究のニュー・ディレクションズ』関西学院大学出版会：85-126。
―― (2005)『消費者の認知世界――ブランドマーケティング・パースペクティブ』千倉書房。
―― (2007)「市場，カテゴリー，そしてブランド――カテゴリー中心型ブランドマーケティングとカテゴリー創造型ブランドマーケティング」『商学論究』54 (4): 47-60。
―― (2012)「情報処理の能力」青木幸弘・新倉貴士・佐々木壮太郎・松下光司『消費者行動論――マーケティングとブランド構築への応用』有斐閣：185-208。
日経メカニカル (2004)「ヒットの鍵はハイブリッド」1月号：59-89。
日経 TRENDY (2009)「2009 年ヒット商品ベスト 30」12 月号：68-85。
西本章宏 (2010)「消費者の認知的精緻化による市場境界線の拡張――『適度に不一致』な製品拡張の可能性」『消費者行動研究』16 (2): 27-50。
―― (2011a)「ハイブリッド・プロダクトに対する消費者のカテゴライゼーションとブランドマネジメント――カテゴリーベースのコミュニケーションによる製品ブランド開発」吉田秀雄記念事業財団平成 22 年度（第 44 次）助成研究論文。
―― (2011b)「消費者情報処理研究を焦点とするマーケティング戦略――消費者の事前知識を考慮した新製品マネジメント」『季刊マーケティングジャーナル』121: 141-151。
――・勝又壮太郎・石丸小也香・高橋一樹 (2010)「ファジーベースの製品カテゴライゼーション――カテゴリー不確実性におけるマルチプル・カテゴリー製品への適用可能性」『消費者行動研究』17 (1): 85-110。
――・――・本橋永至・石丸小也香・高橋一樹 (2016，近刊)「脱コモディティ化のためのカテゴリープライミング戦略――消費者の支払意向額に対

するプライミング効果とその調整要因」『流通研究』18 (1)。

Norman, Donald A. (1982) *Learning and Memory*, San Francisco, CA: W. H. Freeman and Company.

Olson, Jerry C. (1978) "Theories of Information Encoding and Storage: Implications for Consumer Behavior," in Andrew A. Mitchell, ed., *The Effect of Information on Consumer and Market Behavior*, Chicago, IL: The American Marketing Association: 49-60.

Ozanne, Julie L., Merrie Brucks and Dhruv Grewal (1992) "A Study of Information Search Behavior during the Categorization of New Products," *Journal of Consumer Research*, 18 (4): 452-463.

Parvatiyar, Atul and Jagdish N. Sheth (2000) "The Domain and Conceptual Foundations of Relationship Marketing," in Jagdish N. Sheth and Atul Parvatiyar, eds., *Handbook of Relationship Marketing*, Thousand Oaks, CA: Sage Publications: 3-39.

Peracchio, Laura A. and Alice M. Tybout (1996) "The Moderating Role of Prior Knowledge in Schema-Based Product Evaluation," *Journal of Consumer Research*, 23 (3): 177-192.

Peter, J. Paul and Jerry C. Olson (2008) *Consumer Behavior and Marketing Strategy*, 8th Edition, New York, NY: McGraw-Hill.

Petty, Richard E. and John T. Cacioppo (1986) *Communication and Persuasion: Central and Peripheral Routes to Attitude Change*, New York, NY: Springer-Verlag.

Phillips, Diane M., Hans Baumgartner and Rik Pieters (1999) "Influence in the Evolving Citation Network of the Journal of Consumer Research," *Advances in Consumer Research*, 26: 203-210.

Poynor, Cait and Stacy Wood (2010) "Smart Subcategories: How Assortment Formats Influence Consumer Learning and Satisfaction," *Journal of Consumer Research*, 37 (1): 159-175.

Rajagopal, Priyali and Robert E. Burnkrant (2009) "Consumer Evaluations of Hybrid Products," *Journal of Consumer Research*, 36 (2): 232-241.

Rao, Akshay R., Kent B. Monroe (1988) "The Moderating Effect of Prior Knowledge on Cue Utilization in Product Evaluations," *The Journal of Consumer Research*, 15 (2): 253–264.

Rao, Akshay R. and Wanda A. Sieben (1992) "The Effect of Prior Knowledge on Price Acceptability and the Type of Information Examined," *Journal of Consumer Research*, 19 (2): 256–270.

Ratneshwar, S. and Allan D. Shocker (1991) "Substitution in Use and the Role of Usage Context in Product Category Structures," *Journal of Marketing Research*, 28 (3): 281–295.

Roehm, Michelle L. and Brian Sternthal (2001) "The Moderating Effect of Knowledge and Resources on the Persuasive Impact of Analogies," *Journal of Consumer Research*, 28 (2): 257–272.

Rosa, José Antonio, Joseph F. Porac, Jelena Runser-Spanjol and Michael S. Saxon (1999) "Sociocognitive Dynamics in a Product Market," *Journal of Marketing*, 63 (Special Issue): 64–77.

Rosch, Eleanor (1975) "Cognitive Reference Points," *Cognitive Psychology*, 7 (4): 532–547.

―――― (1978) "Principles of Categorization," in Eleanor Rosch and Barbara B. Lloyd eds., *Cognition and Categorization*, Hillsdale, NJ: Lawrence Erlbaum Associates: 27–48.

―――― and Carolyn B. Mervis (1975) "Family Resemblances: Studies in the Internal Structure of Categories," *Cognitive Psychology*, 7 (4): 573–605.

――――, ――――, Wayne D. Gray, David M. Johnson and Penny Boyes-Braem (1976) "Basic Objects in Natural Categories," *Cognitive Psychology*, 8 (3): 382–439.

Ross, Brian H. and Gregory L. Murphy (1996) "Category-Based Predictions: Influence of Uncertainty and Feature Associations," *Journal of Experimental Psychology: Learning, Memory, and Cognition*, 22 (3): 736–753.

Schwarz, Norbert and Herbert Bless (1992) "Constructing Reality and Its Alternatives: An Inclusion / Exclusion Model of Assimilation and Contrast

Effects in Social Judgment," in Leonard L. Martin and Abraham Tesser, eds., *The Construction of Social Judgments*, Hillsdale, NJ: Lawrence Erlbaum Associates: 217-245.

Selinger, Miranda, Darren W. Dahl and C. Page Moreau, (2006) " "Is This Product Really New?" A Study on the Effect of Category Information and Certainty on Newness Evaluations for New-to-Market Products," *Advances in Consumer Research*, 33: 323.

清水聰 (1999)『新しい消費者行動』千倉書房。

——— (2004)「知識カテゴリーの実証研究」『消費者行動研究』10 (1-2): 1-15。

——— (2006)『戦略的消費者行動論』千倉書房。

Smith, Edward E. and Douglas L. Medin (1981) *Categories and Concepts*, Cambridge, MA: Harvard University Press.

Smithson, Michael (1987) *Fuzzy Set Analysis for Behavioral and Social Sciences*, New York, NY: Springer-Verlag.

Stapel, Diederik A., Willem Koomen and Aart S. Velthuijsen (1998) "Assimilation or Contrast? Comparison Relevance, Distinctness, and the Impact of Accessible Information on Consumer Judgments," *Journal of Consumer Psychology*, 7 (1): 1-24.

——— and ——— (2001) "Let's Not Forget the Past When We Go to the Future: On Our Knowledge of Knowledge Accessibility Effects," in Gordon B. Moskowitz, ed., *Cognitive Social Psychology: On the Tenure and Future of Social Cognition*, Mahwah, NJ: Lawrence Erlbaum Associates.

Stayman, Douglas M., Dana L. Alden and Karen H. Smith (1992) "Some Effects of Schematic Processing on Consumer Expectations and Disconfirmation Judgments," *Journal of Consumer Research*, 19 (2): 240-255.

Stremersch, Stefan, Isabel Verniers and Peter C. Verhoef (2007) "The Quest for Citations: Drivers of Article Impact," *Journal of Marketing*, 71 (3): 171-193.

Sujan, Mita (1985) "Consumer Knowledge: Effects on Evaluation Strategies Mediating Consumer Judgments," *Journal of Consumer Research*, 12 (1): 31-46.

――― and Christine Dekleva (1987) "Product Categorization and Inference Making: Some Implications for Comparative Advertising," *Journal of Consumer Research*, 14 (3): 372-378.

――― and James R. Bettman (1989) "The Effects of Brand Positioning Strategies on Consumers' Brand and Category Perceptions: Some Insights From Schema Research," *Journal of Marketing Research*, 26 (4): 454-467.

Taylor, Shelley E. (1981) "A Categorization Approach to Stereotyping," in David L. Hamilton, ed., *Cognitive Processes in Stereotyping and Intergroup Behavior*, Hillsdale, NJ: Lawrence Erlbaum Associates: 88-114.

Trujillo, Carlos Andres (2008) *Affect, Cognition and Categories in Decision Making: Aspects of the Interplay of Cognition and Emotion and the Use of Verbal and Numerical Information in Choice*, Germany: VDM-Verlag Dr. Müller Aktiengesellschaft.

Tulving, Endel (1983) *Elements of Episodic Memory*, Oxford, OX: Clarendon Press.

Urban, Glen L., Bruce D. Weinberg, and John R. Hauser (1996) "Premarket Forecasting for Really-New Products," *Journal of Marketing*, 60 (1): 47-60.

Viswanathan, Madhubalan and Terry L. Childers (1999) "Understanding How Product Attributes Influence Product Categorization: Development and Validation of Fuzzy Set-Based Measures of Gradedness in Product Categories," *Journal of Marketing Research*, 36 (1): 75-94.

Völckner, Franziska (2005) "Biases in Measuring Consumers' Willingness to Pay," *Research Papers on marketing and retailing*, University of Hamburg.

和合肇編著 (2005)『ベイズ計量経済分析――マルコフ連鎖モンテカルロ法とその応用』東洋経済新報社。

Ward, James and Barbara Loken (1986) "The Quintessential Snack Food: Measurement of Product Prototypes," *Advances in Consumer Research*, 13: 126-131.

Wedel, Michel and Jan-Benedict E. M. Steenkamp (1989) "A Fuzzy Clusterwise Regression Approach to Benefit Segmentation," *International Journal of*

Research in Marketing, 6 (4): 241-258.

―――― and ―――― (1991) "A Clusterwise Regression Method for Simultaneous Fuzzy Market Structuring and Benefit Segmentation," *Journal of Marketing Research*, 28 (4): 385-396.

Wegener, Duane T. and Richard E. Petty (1995) "Flexible Correction Processes in Social Judgment: The Role of Naive Theories in Corrections for Perceived Bias," *Journal of Personality and Social Psychology*, 68 (1): 36-51.

Wehmeyer, Kai (2005) "Aligning IT and Marketing: The Impact of Database Marketing and CRM," *Journal of Database Marketing and Customer Strategy Management*, 12 (3): 243-256.

Wertenbroch, Klaus and Bernd Skiera (2002) "Measuring Consumers' Willingness to Pay at the Point of Purchase," *Journal of Marketing Research*, 39 (2): 228-241.

Wisniewski, Edward J. and Bradley C. Love (1998) "Relations versus Properties in Conceptual Combination," *Journal of Memory and Language*, 38 (2): 177-202.

Yamauchi, Takashi and Arthur B. Markman (2000) "Learning Categories Composed of Varying Instances: The Effect of Classification, Inference, and Structural Alignment," *Memory and Cognition*, 28 (1): 64-78.

Yi, Youjae (1993) "Contextual Priming Effects in Print Advertisements: The Moderating Role of Prior Knowledge," *Journal of Advertising*, 22 (1): 1-10.

Zadeh, Lofti A. (1965) "Fuzzy Sets," *Information and Control*, 8 (3): 338-353.

索　引

● **アルファベット**

ANCOVA　170
EMR　→外部マーケティング資源
INP（incremental new product）　16
MCMC法　→マルコフ連鎖モンテカルロ法
RNP（real new product）　16
S-O-R　4

● **あ　行**

アクエリアス・スパークリング　16, 111, 133, 153
維持リハーサル　30
8×4 Kirei　15, 89
エグゼンプラー　17
エピソード的知識　33

● **か　行**

階層コンジョイント分析　138, 156
階層的認知構造　17, 18, 36, 45, 115
階層ベイズモデル　90
概念的知識　33
外部マーケティング資源　7, 182, 186
拡張製品　15, 47, 70, 182, 186
家族的類似性　17, 37
カテゴライゼーション　16, 145, 159
カテゴリー　36
カテゴリー期待　43
カテゴリー境界製品　106
カテゴリー構造　17, 36
　グレード化された――　17, 37
　分類学的な――　17, 36
　目的に導かれる――　17, 37
カテゴリー信念　135
カテゴリースキーマ　48
カテゴリー知識　36
カテゴリー不確実性　48, 49, 53, 72, 131, 132, 183, 184
カテゴリー・プライミング　56, 59, 63, 78, 164, 176, 183, 185, 187
カテゴリーベース処理　16, 42, 43, 53, 69
カテゴリーメンバーシップ関数　118
カテゴリーメンバーシップ（値）　51, 52, 110, 138
カテゴリー類似性　173, 175, 177
感覚レジスター　29
記憶の二重貯蔵モデル　29
記憶表象　31
ギブスサンプリング　92
競争市場構造分析　111
コンジョイントデザイン　133, 139, 148
コンテクスト効果　56, 183
コンテクスト・プライミング　59

● **さ　行**

再構造化　32
サブカテゴリー化　44, 146, 157
事前知識　7, 79
支払意向額　78, 164, 176, 178
修飾カテゴリー　58, 159
消費者グループの異質性　9

209

消費者個人の異質性　8, 189
消費者選好構造　71
消費者選好構造分析　111
消費者知識　7, 183
情報取得プロセス　30
情報処理モデル　4, 5
情報統合プロセス　30, 31
シングルカテゴリー信念　48, 51, 53,
　　72, 73, 110, 131, 141, 143, 148, 184
スキーマ　34
スクリプト　36
精緻化リハーサル　30, 31
精通性　166
製品信念　113
宣言的知識　33
専門知識力　166

● た　行

対比効果　61, 80, 171
多属性態度モデル　90
短期記憶　29
知覚符号化　29, 31
知識転移　42, 53, 183
チャンク　30
長期記憶　29
定義的特性　17, 36
訂正対比効果　62, 81, 174
適度な不一致　44, 47, 53, 70, 101, 183
データ駆動型処理　39
手続き的知識　33, 34
同化効果　60, 61, 79, 171, 175
同　調　32
頭部カテゴリー　58, 159, 186

● な　行

内的参照価格　78, 167, 176, 178
認知学習　31
認知革命　4
認知構造　34
認知的精緻化　44, 141, 144, 156
認知的なアクセス容易性　80
認知欲求　75, 133, 136, 148, 161, 178

● は　行

ハイブリッド製品　50, 57, 106, 108,
　　154, 160, 184
ピースミール・モード　43, 53
ファジー集合理論　51, 110, 111
プライミング効果　56, 60, 79
プロトタイプ　17
プロパティ・プライミング　56, 57, 63,
　　76, 152, 157, 158, 160, 183, 184, 186
ベースカテゴリー　118
包括的意思決定プロセス　4

● ま　行

マルコフ連鎖モンテカルロ法　90
マルチプルカテゴリー信念　49, 51, 53,
　　74, 75, 130, 131, 136, 141, 143, 148, 184
マルチプルカテゴリー製品　106
モチベーション・リサーチ　4

● ら　行

リハーサル　29
累　加　32
類　推　16
理論駆動型処理　39

◆著者紹介

西本　章宏（にしもと・あきひろ）

1983 年生まれ
2005 年，関西学院大学商学部早期卒業
2007 年，関西学院大学大学院商学研究科博士課程前期課程修了
2011 年，慶應義塾大学大学院経営管理研究科後期博士課程単位取得退学
2011 年，小樽商科大学商学部准教授
現　職，関西学院大学商学部准教授，博士（経営学）

受　賞
2014 年，公益財団法人吉田秀雄記念事業財団，第 12 回助成研究準吉田秀雄賞（第一席）受賞
2012 年，野村総合研究所，マーケティング分析コンテスト 2011 最優秀賞受賞
2011 年，公益財団法人吉田秀雄記念事業財団，第 9 回助成研究吉田秀雄賞（第一席）受賞
2011 年，日本消費者行動研究学会，2011 年度消費者行動研究受賞論文優秀論文賞受賞
2010 年，日本消費者行動研究学会，2010 年度消費者行動研究受賞論文研究奨励賞（青木幸弘賞）受賞
2009 年，日本消費者行動研究学会主催，平成 21 年度 JACS-SPSS 論文プロポーザル賞優秀賞受賞

主　著
「脱コモディティ化のためのカテゴリー・プライミング戦略：消費者の支払意向額に対するプライミング効果とその調整要因」『流通研究』18（1），2016 年（近刊）．
「ファジーベースの製品カテゴライゼーション：カテゴリー不確実性におけるマルチプル・カテゴリー製品への適用可能性」『消費者行動研究』17（1）：85-110，2011 年．
「消費者の認知的精緻化による市場境界線の拡張：『適度に不一致』な製品拡張の可能性」『消費者行動研究』16（2）：27-50，2010 年．

外部マーケティング資源としての消費者行動
——市場の異質性から競争優位を獲得する
Consumer Behavior as External Marketing Resources:
Getting Competitive Advantages from the Heterogeneity on the Market

2015 年 12 月 20 日　初版第 1 刷発行

著　者	西　本　章　宏	
発行者	江　草　貞　治	
発行所	株式会社　有　斐　閣	

郵便番号 101-0051
東京都千代田区神田神保町 2-17
電話　(03) 3264-1315〔編集〕
　　　(03) 3265-8811〔営業〕
http://www.yuhikaku.co.jp/

印刷・株式会社精興社／製本・牧製本印刷株式会社
© 2015, Akihiro Nishimoto. Printed in Japan
落丁・乱丁本はお取替えいたします．

★定価はカバーに表示してあります．

ISBN 978-4-641-16464-2

JCOPY　本書の無断複写（コピー）は，著作権法上での例外を除き，禁じられています．複写される場合は，そのつど事前に，(社)出版者著作権管理機構（電話03-3513-6969，FAX03-3513-6979, e-mail:info@jcopy.or.jp）の許諾を得てください．

本書のコピー，スキャン，デジタル化等の無断複製は著作権法上での例外を除き禁じられています。本書を代行業者等の第三者に依頼してスキャンやデジタル化することは，たとえ個人や家庭内での利用でも著作権法違反です。